DESIGN INTERSEKTIONAL UNTER DIE LUPE NEHMEN

Gestaltung als Komplize von Diskriminierung und als widerständiges Werkzeug

Anna Unterstab

Interviews mit:
Anoushka Khandwala
Hân Lê
Jacquie Shaw
Vivien Tauchmann

Inhalt

Quellen Glossar

Wörterbuch: Diversity Arts Culture, https://diversity-arts-culture.berlin/diversity-arts-culture/woerterbuch [zuletzt 01.04.2020].

Glossar der Publikation „Reach Everyone on the Planet ...“, Hg.: Gunda-Werner Institut u.a., 2019, 4.

Diversity in der Lehre: Glossar der Uni Freiburg, https://www.diversity.uni-freiburg.de/Lehre/Glossar [zuletzt 01.04.2020].

Anti-Diskriminierungsstelle des Bundes https://www.antidiskriminierungsstelle.de/DE/ueber-diskriminierung [zuletzt 01.09.2023].

Ableismus

... ist die Diskriminierung von Menschen mit (zugeschriebener) Behinderung und Reduzierung dieser auf ihre Behinderung. Der Begriff stammt aus der US-amerikanischen Behindertenbewegung.

Abolitionismus

... ist eine transnationale aktivistische Bewegung, die die Aufhebung und Abschaffung von Machtsystemen wie Sklaverei, Gefängnissen und der Polizei zum Ziel hat.

Ally / Allyship (dt. Verbündete*r / Verbündetenschaft)

... ist eine kontinuierliche Aktivität, die bedeutet, dass sich privilegierte Menschen an die Seite der Marginalisierten stellen und sie empathisch und solidarisch in ihren Kämpfen unterstützen, ohne sich in den Vordergrund zu drängen. Allys müssen verstehen, dass sie von Diskriminierung profitieren.

Poc / BIPoC

... die Abkürzung steht für Black, Indigenous, People of Color/Person of Color. Sie ist eine selbstermächtigende Bezeichnung von Menschen, die Rassismus erfahren, mit einem Fokus auf Schwarze und indigene Menschen. Nicht alle BIPoC verwenden die Selbstbezeichnung für sich.

cis / cisgender

... beschreibt eine Person, deren selbst gewählte Identität mit dem Geschlecht übereinstimmt, das ihr bei der Geburt zugeordnet wurde.

Community

... bezeichnet eine Gruppe von Menschen, die sich zusammenfinden, weil sie Diskriminierungserfahrungen teilen. Die Community ist durch ein positives Wir-Gefühl und Solidarität geprägt. Communitys sind heterogen, wie z.B. die queere Community. Das Wort wird nicht übersetzt, da die deutsche Übersetztung „Gemeinschaft" nicht das Widerstandspotential des Kollektiven transportiert.

Dekolonialisierung

... bezeichnet im engeren Sinne das Ende von kolonialer Herrschaft und Unterdrückung (indigener) Völker und deren Gebiete. Dazu zählen z.B. das Zurückholen von Land und Kultur (indigene Sprachen, Traditionen, etc.) und gestohlenen Kulturgütern. In dieser Arbeit wird Dekolonialisierung als Sammlung von theoretischen und angewandten Strategien in Bezug auf Institutionen (z.B. Universitäten) und die Designdisziplin verwendet.

Differenzkategorien

... ist ein Überbegriff für Kategorien wie Gender, *race*, Alter, Körper, Sexualität, etc. Dabei sind die Kategorien fließend und einige können sich im Laufe des Lebens verändern. Differenzkategorien führen zur Benachteiligung und Bevorteilung von Menschen gegenüber anderen.

Diversität

...beschreibt die Vielfalt von Menschen bzw. Gruppen. Unter Diversität werden Merkmale wie ethnische Zugehörigkeit, soziale Herkunft, geschlechtliche Identität, sexuelle Orientierung, Behinderung, Alter und Religion gefasst, wobei die Perspektive um vielfältige weitere Merkmale erweiterbar ist. Diese Differenzen sind nicht gegeben, sondern werden durch Interaktionen mit Anderen und Institutionen erst hervorgebracht. Durch Diversity-Arbeit soll z.B. an Universitäten die Anerkennung und Wertschätzung dieser Vielfalt mit ihren Gemeinsamkeiten und Unterschieden gefördert werden.

Empowerment (dt.: Ermächtigung)

Marginalisierte Personen oder Gruppen finden Strategien und Tools, um selbstbestimmt zu leben und ihre Diskriminierungserfahrungen in Selbstermächtigung zu übersetzen.

Gender

... bezieht sich auf das soziokulturelle Geschlecht eines Menschen (als Gegenbegriff zum körperlichen Geschlecht). Der Begriff macht deutlich, dass Geschlecht und damit einhergehende Vorstellungen von Weiblichkeit und Männlichkeit kulturell und historisch konstruiert sind.

Gendersternchen / *

Das * verweist auf die Konstruiertheit und Binarität der gegenderten Kategorien (wie z.B. Frau) und ermöglicht es, Identitäten und Selbstpositionierungen jenseits dieser mitzudenken und nicht-binären Identitäten Raum zu geben.

Heteronormativität

... beschreibt eine Weltanschauung, die nur zwei Geschlechter (männlich und weiblich), heterosexuelle Beziehungen (ein Mann und eine Frau) und die entsprechenden Rollenbilder anerkennt.

Identität(en)

In dieser Arbeit wird Identität prinzipiell pluralistisch verstanden. Alle Menschen vereinen verschiedene, intersektional verwobene Identitäten in sich. Identitäten sind hierbei Selbstbezeichnungen und heterogene Kategorien. Bsp.: queere Identität, weibliche Identität.

Identitätspolitik

... ist ein aus dem Schwarzen Feminismus stammender Begriff, der vom Combahee River Collective erstmals verwendet wurde. Der Begriff beschreibt das Organisieren und Solidarisieren mehrerer Menschen untereinander, die mindestens einer selben Differenzkategorie angehören (also z.B. Schwarz sind, queer sind, Frauen sind, etc.) und das selbstbestimmte Eintreten für ihre Rechte. Aus einer vorherigen Abwertung wird so Empowerment. Entgegen der aktuellen Kritik wurden die Identitäten von Anfang an als heterogen verstanden.

indigen

... stammt aus dem Latein und bedeutet ‚einheimisch'. Das Wort wird in Bezug auf Menschen, die einem indigenen Volk angehören, verwendet. Indigene Völker werden auf der ganzen Welt unterdrückt und ihre Kultur und Länder sind bedroht. Siehe Dekolonialisierung.

Intersektionalität

... beschreibt das Überschneiden, Zusammenwirken und Verstricktsein von verschiedenen Diskriminierungsformen ineinander. Der Begriff wurde 1989 von der afroamerikanischen Juristin Kimberlé Crenshaw eingeführt. Intersektionalität geht davon aus, dass Menschen oft wegen mehrerer Eigenschaften/Identitäten benachteiligt werden und diese sich nicht nur addieren, sondern komplett neue Formen von Diskriminierung schaffen.

Klassismus

... bezeichnet die Diskriminierung von Menschen auf Grund ihres angenommenen oder realen sozialen Status. Klassismus schränkt Menschen auf Grund ihres finanziellen, kulturellen und/oder sozialen Kapitals ein, was sich auf alle Lebensbereiche auswirken kann.

LGBTQIA

... die Abkürzung steht für lesbische, schwule, bisexuelle, trans, queere, inter- und asexuelle Menschen und versammelt diese als Community.

Marginalisierung

... geht mit Diskriminierung einher und meint die Verdrängung von Einzelpersonen und Gruppen an den Rand der Gesellschaft aufgrund einzelner Differenzkategorien. Die Verdrängung geht mit Benachteiligungen, Machtverlust und Gefährdung der psychischen und physischen Gesundheit gegenüber der gesellschaftlichen Mitte einher.

nicht-binär

... ist eine Kategorie für Menschen, die sich nicht den binären Gender-Kategorien (Mann und Frau) zuordnen. Nicht-Binarität ist zu unterscheiden von biologischer und geschlechtlicher Identität. In dieser Publikation kommen mehrere nicht-binäre Personen zu Wort. Im deutschen Diskurs werden verschiedene (Neo)Pronomen verwendet, z.B. „sier", „deren" oder das englische "they". Die Entscheidung für ein Pronomen oder auch dafür, keines zu benutzen, ist individuell.

Objektivität
... wurde als Begriff 1988 von der Wissenschaftshistorikerin und feministischen Theoretikerin Donna Haraway geprägt. Wissen wird häufig als neutral und universal verstanden, nach Haraway ist jedoch jede Form von Wissen situiert und damit politisch, verkörpert, partikular und lokal. Auch im Schwarzen Feminismus war und ist Objektivität ein wichtiges Thema, insbesondere beim Verknüpfen von Erfahrungswissen und Theorie.

Othering (dt.: „anders markieren")
... ist ein Vorgang, bei dem sich eine Gruppe oder eine Person von einer anderen abgrenzt, indem sie diese als anders und fremd beschreibt. Othering bedingt Marginalisierung.

Privileg
... bezeichnet eine Form struktureller Bevorteilung aufgrund bestimmter Merkmale (z.B. *weiß* sein, männlich sein), die als Norm gelten. Bsp:. im Wohnungs- und Arbeitsmarkt ist es in Deutschland für Menschen mit deutsch klingenden Nachnamen leichter, Wohnraum und Arbeit zu finden. Privilegien sind den Menschen, die von ihnen profitieren, oft nicht bewusst.

Performativität
... wird in dieser Arbeit nicht im klassisch feministischen Sinne der Dekonstruktion des Konzepts Gender verwendet, sondern im antirassistischen Sinne. Performativität bezeichnet hier die Gefahr, dass Aktivismus symbolisch und selbstwirksam wird.

Positionalität
... ist der soziale und politische Kontext, der die Identität eines Menschen in Bezug auf *race*, Klasse, Geschlecht, Sexualität, Ability, etc. bestimmt. Positionalität beschreibt auch, wie diese Identitäten das Verständnis und die Weltsicht eines Menschen beeinflussen und färben.

queer / Queerness
... ist eine Selbstbezeichnung für Personen, deren geschlechtliche Identität und/oder sexuelle Orientierung nicht der heteronormativen Norm entspricht.

race (dt.: „Rasse")
... ist eine sozial konstruierte Kategorie. Im Studienheft wird *race* anstelle des Begriffs „Rasse" verwendet, weil im amerikanischen Kontext der Begriff, anders als im deutschen Diskurs, schon lange nur noch als selbst zugeschriebene soziale Kategorie verwendet wird. Siehe „BIPoC", „Schwarz" und „*weiß*" .

sier / deren

... sind (Neo)Pronomen. In der Deutschen Sprache gibt es aktuell keine einheitliche Möglichkeit für nicht-binäre Pronomen. Die trans und nicht-binäre Community benutzt verschiedene Versionen von (Neo-) Pronomen. Im Studienheft wird nach Absprache mit den betreffenden Personen „sier" und „deren" verwendet.

Schwarz

Die Großschreibung von Schwarz verweist auf die Strategie der Selbstermächtigung und den antirassistischen Widerstand, den sich rassistisch markierte Menschen und Kollektive erkämpft haben. Der Begriff Schwarz ist eine Selbstbezeichnung von Menschen afrikanischer und afro-diasporischer Herkunft, Schwarzen Menschen, Menschen dunkler Hautfarbe und People of Color. Schwarz und *weiß* werden hier nicht als Hautfarben, sondern als soziale und politische Konstruktionen verstanden. So ist die Selbstbezeichnung Schwarz in Abgrenzung von dem Begriff „nicht-*weiß*" zu verstehen.

Situiertheit

siehe: Objektivität

Social Justice
(dt.: Soziale Gerechtigkeit)

... ist eine politische und soziale Theorie, die sich für den gleichen Zugang zu Wohlstand, Chancengleichheit und das Arbeiten mit sozialen Privilegien in einer Gesellschaft einsetzt. Die fünf Social Justice Prinzipien sind: Zugang zu Ressourcen, Gleichheit (Equity), Partizipation, Diversity und Menschenrechte. Das Konzept entstand Anfang des 19. Jahrhunderts, erfährt jedoch in letzter Zeit insbesondere in der Sozialen Arbeit, Grassroot-Organisationen und Aktivismus im US-amerikanischen Raum große Beliebtheit.

trans

... ist ein Sammelbegriff für Menschen, die sich nicht mit dem ihnen bei der Geburt zugewiesenen Geschlecht identifizieren.

weiß

Die Kursivschreibung von *weiß* verweist auf die soziale und politische Konstruiertheit von Differenzkategorien, wobei das *Weißsein* üblicherweise unmarkiert bleibt, weil es als Norm gilt. Das *Weißsein* enthält kein Selbstermächtigungspotential und bleibt deshalb klein geschrieben.

weiße Vorherrschaft
(engl.: white supremacy)

... ist eine Ideologie, die annimmt, dass *weiße* Menschen PoC überlegen seien. Als Ideologie prägt sie unsere Beziehungen, Institutionen und Kultur und sorgt für die Unterdrückung von und Gewalt gegen PoC.

"(...) we are not responsible for our oppression,
but we must be responsible for our own liberation."[1]

Audre Lorde

Auch wenn die Intersektionalitätstheorie schon seit über 30 Jahren existiert, ist sie alles andere als veraltet. Ein intersektional informiertes Denken und Gestalten ist immer wieder aufs Neue wichtig und steht aktuell vor neuen Herausforderungen.

Gerade die Corona-Pandemie hat in jüngster Vergangenheit gezeigt, wie tief diskriminierende Strukturen noch immer in den westlichen Gesellschaftssystemen verankert sind. Es ist wiederholt deutlich geworden, welche drastischen Folgen diese Benachteiligung gegenüber mehrfach marginalisierten Personen (wie beispielsweise Schwarzen Frauen) hat. Eine medizinische Studie[2] von 2021 zeigt, wie Schwarze Frauen in Großbritannien vom Gesundheitssystem auf mehreren Ebenen benachteiligt werden. Sie werden vom medizinischen Fachpersonal weniger ernst genommen und ihre Beschwerden unterschätzt. Sie leiden als Folge von Klassismus häufiger an Vorerkrankungen wie Diabetes und Asthma. Sie üben oft Berufe aus, die als unverzichtbar gelten, jedoch finanziell und sozial wenig wertgeschätzt werden und zusätzlich eine physische Isolation während der Pandemie erschweren, um nur einige Faktoren zu nennen. Die Sterberate Schwarzer Frauen im Fall einer Covid-19-Erkrankung ist wesentlich höher als die *weißer* Frauen und Schwarzer Männer und die Chance, dass sie sich vollständig von der Erkrankung erholen, ist wiederum deutlich geringer.[3]

Gleichzeitig sind die Errungenschaften der Schwarzen Frauenbewegung gefährdet, die vornehmlich in den USA bedeutende Beiträge für ein umfassendes Verständnis von Diskriminierungsvorgängen geleistet haben.

Die Theorie der Intersektionalität und ihre Wegbereiterinnen sind akut von Zensurmaßnahmen bedroht, wie aktuell in Florida. Die Ermordung des Afroamerikaners George Floyd am 25. Mai 2020 in Minneapolis durch einen *weißen* Polizisten löste in Verbindung mit zahllosen weiteren rassistischen Polizei-Gewalttaten einen neuen Höhepunkt des antirassistischen und abolitionistischen Protestes aus. Auf die *BlackLivesMatter*-Proteste folgte ein konservativer Backlash. Der Gouverneur und republikanische Präsidentschaftskandidat Ron DeSantis richtet seinen populistischen Wahlkampf auf Kulturpolitik aus, was sich vor allem an zwei Gesetzen und der Zensur eines neuen College-Kurses zeigt. Der sogenannte *Don't Say Gay*-Act[4] untersagt es, in Kindergärten und in den ersten Stufen der Grundschule Queerness zu thematisieren und verbietet Kinderbücher mit LGBTQIA+-Charakteren. Das *Stop-Woke*[5]-Gesetz wiederum bezieht sich auf Universitäten und schränkt das Unterrichten und Diskutieren von Themen wie afroamerikanische Geschichte, Sklaverei und Rassentrennung sowie Queerness und ökonomische Ungleichheit ein.

DeSantis hat außerdem stark auf die Inhalte des neuen Highschool AP-Kurses[6] "African American Studies"[7] eingewirkt, indem er drohte, dessen Einführung abzulehnen, wenn seine Vorgaben nicht Einzug ins Curriculum fänden. Das Kursprogramm ist ein wichtiger Schritt in der afroamerikanischen Wissensproduktion, an dem über zehn Jahre lang gearbeitet wurde. Innerhalb des letzten Jahres wurden die Kursinhalte stark verändert und verloren einen großen Teil ihrer Radikalität und Intersektionalität. Der zeitgemäße Teil „Die Bewegung und Debatten“, der u.a. die *BlackLivesMatter*-Proteste und Zusammenhänge von Queerness und Blackness beinhaltet, wurde fast vollständig herausgekürzt. Der Begriff „Intersektionalität“ ist aus der Endfassung des Curriculums entfernt worden, genauso wie einige der wichtigsten Vertreterinnen der Schwarzen feministischen Bewegung und ihre Texte, wie Kimberlé Crenshaw, bell hooks, Audre Lorde, Angela Davis und Alice Walker. Die spezifischen Erfahrungen Schwarzer Frauen kommen durch diese massiven Einwirkungen nur noch am Rande vor. Solche Vorfälle sind kein neues Phänomen, sondern stellen das jüngste Kapitel in einer langen Geschichte[8] koordinierter Zensurkampagnen und Repression afro-amerikanischer Literatur und Kunst dar.[9]

Aus Furcht vor der Präzision und Dringlichkeit, mit der Schwarze Autor*innen auf Ungleichheit und Unterdrückung aufmerksam machen, wird Schwarze Kulturproduktion bis heute gezielt als gefährlich dargestellt.[10] Mit derselben Rhetorik wurden viele der Bücher, die längst Kultstatus erreicht haben, verbannt, darunter Bücher von Maya Angelou und Toni Morrison, aber auch neue Titel wie “Hood Feminism” von Mikki Kendall von 2022. In den USA bedeutet ein *book ban* nicht, dass die Bücher nicht mehr käuflich erhältlich sind, aber dass sie, nach Beschwerden von Eltern, Politiker*innen oder Lobbygruppen, zum Teil nicht mehr in (Schul-)Bibliotheken und Lehrplänen zu finden sind.[11] So wird der Zugang zu den Inhalten der Bücher erheblich erschwert, insbesondere für die Menschen, von deren Erfahrungen sie handeln.[12] Crenshaw äußert sich folgendermaßen zur Abänderung der AP-Kurse:

> "The politicians who want to deprive students of tools for understanding and knowledge are the ones who fear most the freedom of ideas and a democratic future."[13]

In Europa zeigen sich die Folgen des Rechtsrucks unter anderem in der Beschränkung queerer Rechte, z.B. in Russland, Polen, Italien und der Türkei. Im deutschsprachigen Raum finden ähnliche Entwicklungen statt, z.B. wenn Konservative und Rechte populistisch gegen gendersensible Sprache vorgehen und damit Wähler*innen-Stimmen einfahren, auch wenn die Folgen bisher noch weniger weitreichend als in den USA sind.[14] Das jüngste Beispiel hierfür, welches direkte Parallelen zum *Don't Say Gay*-Act aufweist, fand im August 2023 in Sachsen-Anhalt statt. Die Landesbildungsministerin der CDU, Eva Feußner, erwirkte ein Verbot von Gendern mit Wortbinnenzeichen (z.B. Unterstrich, Asterisk / Genderstern und Doppelpunkt) in Schulen. Damit sorgte sie deutschlandweit für Aufmerksamkeit. In Schleswig-Holstein und Sachsen bestehen bereits ähnliche Regelungen.[15]

Eine freie und gleichberechtigte Gesellschaft ist nicht selbstverständlich, deshalb müssen wir uns weiter aktiv für eine freie Wissensproduktion und den Schutz der Rechte von marginalisierten Gruppen einsetzen. Ein kleiner Beitrag dazu ist dieses Buch, das dabei helfen möchte, eine deutschsprachige Grundlage für ein intersektional informiertes und so potentiell wirkmächtig gegen Diskriminierung arbeitendes Design zu bilden.

Dieses Studienheft verknüpft die Disziplin Design mit der Intersektionalitätstheorie. Es gibt einen Überblick darüber, von wem und wie Design und Intersektionalität bereits in Beziehung gesetzt werden und beleuchtet die Leerstelle zwischen kritischer Designtheorie und -praxis. Der Fokus dieses Textes liegt auf einer gegenwärtigen transnationalen kritischen Designtheorie-Bewegung[16], die daran arbeitet, Design als Disziplin mit intersektionalen, dekolonialen Ansätzen und Indigenem Wissen zu verändern und gerechter zu machen.

Eine der Herausforderungen, vor der Design als Disziplin steht, ist, dass in der Designtheorie ein Fundament an kritischer Theorie fehlt, um die Disziplin, aber auch die tägliche Praxis als Designer*in zu reflektieren. Gemeinsam mit anderen politischen Theorien kann Intersektionalität einen Analyserahmen für eine ermächtigende Designkritik bilden.

Ziel dieses Textes ist es, Theoriewissen und Praxiswissen möglichst unhierarchisch zu verbinden, da die Kluft zwischen Theorie und Praxis ein grundlegendes und andauerndes Problem der *weißen* feministischen Wissensproduktion ist.[17] Dabei betont der Schwarze Feminismus immer wieder seine Ursprünge in gelebten Erfahrungen und die Notwendigkeit, die Theorie in die Praxis zurückzuführen.

> "When our lived experience of theorizing is fundamentally linked to processes of selfrecovery, of collective liberation, no gap exists between theory and practice. Indeed, what such experience makes more evident is the bond between the two – that ultimately reciprocal process wherein one enables the other."[18]

Mein Text ist eine Einladung, sich mit der eigenen Positionalität, Verantwortung und Rolle als Designer*in auseinanderzusetzen. Ich möchte ein Bewusstsein dafür schaffen, dass Design auf dem Weg zu einer diverseren und gerechteren Welt ein wichtiges Werkzeug sein kann. Dieses Umgestalten beginnt im Kleinen und lokal.

Das erste Kapitel des Buches widmet sich drei Vertreterinnen von Intersektionalität und der Schwarzen feministischen Protestbewegung der 1970er-1990er Jahre in den USA. Darunter ist das *Combahee River Collective,* eine Gruppe Schwarzer, in der Mehrzahl lesbischer Frauen, die sich von 1974–1980 in Boston sozialistisch organisierten. Vor dem Hintergrund rassistischer Segregation und Gewalt, die die Stadt Boston prägten, stellten die Mitglieder des Kollektivs fest, dass es dem antirassistischen Aktivismus an Radikalität und einem Fokus auf (insbesondere lesbischen) Frauen fehlt. In ihrem "Black Feminist Statement"[19] sagen sie der rassistischen, misogynen, heteronormativen und klassistischen Unterdrückung den Kampf an.

Als eine der ersten analysiert das Combahee River Collective die verschiedenen Unterdrückungssysteme als ineinandergreifend und beschreibt deren Einfluss auf die Lebensumstände von Women of Color. Sie sind die Ersten, die dabei den Begriff *Identity Politics* verwenden. Das Kollektiv ist bekannt für seine Beteiligung an den Roxbury-Protesten, in denen sie als Reaktion auf eine Reihe von Femiziden an Schwarzen Frauen intersektionale Vernetzungsarbeit in der Nachbarschaft leisteten und Selbsthilfe-Informationen bereitstellten.

Das Combahee River Collective wollte mehr politische Mitbestimmung für Schwarze Frauen ermöglichen, da es für diese hohe Hürden gab, sich politisch einzubringen und Forderungen zu stellen. Es war außerdem ihr Ziel, Allianzen mit anderen Organisationen zu schließen, die zwar für dieselbe Sache kämpften, aber nicht dieselben Erfahrungen teilten. Um die gegenseitigen Erfahrungen zu verstehen, sahen sie eine intersektionale Analyse als unverzichtbar an.

Anschließend wird der Originaltext von Kimberlé Crenshaw, afroamerikanische Juristin und Aktivistin, die 1989 den Intersektionalitätsbegriff ins Spiel brachte, genauer betrachtet. Crenshaw stellte fest, dass der Civil Rights Act, der Ende der 1960er Jahre in Kraft getreten war, die Lage der Schwarzen Frauen zwar verbesserte, durch sein eindimensionales Diskriminierungsverständnis jedoch ihre spezifischen Erfahrungen nicht abbildete. In der Folge blieben viele ihrer Klagen vor dem Arbeitsgericht erfolglos. Anhand von drei Sammelklagen analysierte Crenshaw im Detail, wie die Diskriminierung von Schwarzen Arbeiterinnen unsichtbar gemacht wird und welche Folgen das Fehlen eines adäquaten juristischen Rahmens hat. Daraufhin führt sie den Begriff der Intersektionalität ein. Sie erklärt am Bild eines Unfalls an einer Straßenkreuzung, wie komplex Mehrfachmarginalisierung ist.

Die Grafik *Matrix of Domination* und die zugehörige Analyse der afroamerikanischen Soziologin Patricia Hill Collins setzt sich im Anschluss daran genauer mit den Facetten und Differenzlinien von Identität auseinander. Collins beschreibt, dass die meisten Menschen in einigen Identitätskategorien privilegiert sind, während sie in anderen Marginalisierung erfahren. Daraus ergibt sich die individuelle Positionalität. Das Matrix-Modell hilft dabei, Diskriminierung nicht mit Entweder-Oder-Denken zu betrachten, sondern als ein Spektrum zu verstehen.

Das zweite Kapitel thematisiert Funktionen, Aktualität und Reichweite von Intersektionalität und ihre Verortung im deutschen Kontext. Intersektionalität hilft mehrfach marginalisierten Menschen dabei, ihre Alltagserfahrungen deutbar[20] zu machen. Eine Sprache für die eigenen Erfahrungen zu haben, kann dazu befähigen, die Strukturen der Unterdrückung zu durchbrechen.[21] Es hilft aber auch jenen Menschen, die nicht mehrfach-marginalisiert sind, dabei, die Erfahrungen anderer besser zu verstehen, Empathie zu entwickeln, sie in ihren Kämpfen zu unterstützen und sich mit ihnen zu solidarisieren. Intersektionalität ermöglicht es, „Unterschiede als Quelle von Möglichkeiten und nicht von Angst zu begreifen."[22] Außerdem wird das Konzept der asymmetrischen Solidarität erläutert, durch das Schwarze Frauen im Aktivismus an den Rand gedrängt werden. Sowohl in der antirassistischen Social Justice Bewegung, als auch in der *weißen* feministischen Bewegung gab es interne Hierarchien und so standen oft die Erfahrungen der privilegierten, einfach-marginalisierten Mitglieder im Fokus. Es herrscht bis heute eine asymmetrische Solidarität: Von Schwarzen Frauen wird erwartet, dass sie gegen patriarchale bzw. rassistische Unterdrückung kämpfen, wobei die Verschränkung der unterschiedlichen Unterdrückungsformen, mit der sie konfrontiert sind, weder von *weißen* Frauen noch von Schwarzen Männern genügend anerkannt und sie von diesen nicht im gleichen Maß unterstützt werden. Da Intersektionalität sowohl im Aktivismus, als auch in der politischen Theorie verankert ist, stellt das Konzept eine passende Richtlinie für ein machtkritisches[23] Analysieren von Design dar.

Im dritten Kapitel wird genauer analysiert, auf welche Art und Weise Design an intersektionalen Unterdrückungsmechanismen beteiligt ist. Verschiedene dekoloniale Stimmen im kritischen Designdiskurs kritisieren heute stark den universalistischen Anspruch des modernistischen Designs und stellen die These auf, dass der Westen seit mehreren Jahrzehnten in einem Designansatz feststeckt, der sich noch zu stark am Design der Moderne orientiert. Daher würde die falsche, nach wie vor weit verbreitete Annahme kommen, dass Design neutral und objektiv sowie unpolitisch und universell ist. Ich leite daraus ab, dass es der Designtheorie an einem Fundament von kritischer Theorie fehlt. Diesem Defizit kann begegnet werden, indem feministische, antirassistische und klassismussensible Theorien auf Design übertragen werden.

Anders als in den Geschwisterdisziplinen Architektur und Kunst ist es in der Designausbildung an den (Kunst-) Hochschulen nicht selbstverständlich, dass kritische Theorie mit auf dem Lehrplan steht. So beenden viele zukünftige Designer*innen ihre Ausbildung, ohne ein Verständnis von der neoliberalen, patriarchalen, (neo)kolonialen, auf *weißer* Vorherrschaft basierenden Welt zu haben, in die sie hinein gestalten (werden). Ihnen fehlt das Bewusstsein, dass Design sowohl als aktiver Produzent, aber auch indirekt zur Aufrechterhaltung dieser Unterdrückungsstrukturen beiträgt.[24] Gleichzeitig mangelt es oft an einer Reflexion der eigenen Positionalität sowie *wie* und *für wen* gestaltet wird.

Gestalter*innen können in Designprozessen viele verschiedene Rollen übernehmen, wie die*der Social- und Textildesigner*in Lea Kirstein beschrieb, als ich mit ihr*ihm über diesen Text sprach:

> „Wir können vermitteln, übersetzen, ermöglichen, verunmöglichen, verführen, zerstören, betrügen, radikalisieren, verschleiern (...).“[25]

Die Rolle eine*r Designer*in ist bei weitem nicht so unpolitisch, wie sie erscheinen mag, sondern insbesondere in sozial engagierten Designprozessen oft mit der eine*r Anwält*in vergleichbar.[26] Designer*innen entscheiden sich jedes Mal, für wen sie gestalten und für wen nicht – ob sie sich dessen bewusst sind oder nicht. Damit einher geht die Entscheidung, welchen Menschen sie durch ihre Gestaltung das Leben erleichtern und wem sie es erschweren.

Design ist symbolische Gewalt, denn in Objekten, Prozessen und Interfaces sind häufig die bewussten und unbewussten Voreingenommenheiten und Werte der Gestalter*innen eingeschrieben. Cis-männliche, *weiße* Personen ohne Behinderung werden in den meisten Fällen als Standard für Gestaltung herangezogen. Alle anderen – und insbesondere mehrdimensional diskriminierte Menschen – erleben in ihrem Alltag Diskriminierung durch Design. Diese finden in unterschiedlichen

Dimensionen statt, unter anderem in Form von Mikroaggressionen, die im Alltag Stereotype verfestigen und Betroffene auf Dauer zermürben. Mikroaggressionen werden von unscheinbaren Objekten wie Seifenspendern oder Flughafenscannern produziert. Sensor-Seifenspender, die nur *weißen* Menschen Flüssigseife geben, oder Flughafenscanner, welche trans und nichtbinäre Personen während sensibler Sicherheitskontrollen am Flughafen einem binären Geschlechterbild zuordnen, manifestieren Hierarchien. Die Bandbreite der Diskriminierung reicht bis hin zum Risiko einer körperlichen Verletzung. Gar lebensgefährlich wird Design für Frauen und alle, deren Körper nicht einer durchschnittsmännlichen Norm der 1970er Jahre entsprechen, beim Autofahren. Auf diese Norm ausgerichtete Crash-Test-Dummys verursachen, dass Frauen bei Autounfällen ein um 40% höheres Risiko als Männer haben, schwer verletzt zu werden.

Solche schwerwiegenden Fehler und Blindspots in der Gestaltung verdeutlichen zum einen, wie stark Design an systemischen Machtdynamiken und der Fortschreibung der „Matrix of Domination" beteiligt ist. Zum anderen wird an diesen Beispielen sichtbar, wie wenig dies in der Designszene wahrgenommen und hierfür sensibilisiert wird.

Im vierten Kapitel geben die alternativen Design-Begriffe und -Praxen einen Einblick, welche Potenziale ein intersektional informiertes Design mit sich bringt. Das ganze Ausmaß der Verstrickung von Design in Diskriminierungsstrukturen zu erahnen, kann für Designer*innen zu Identitätskrisen führen und sie lähmen.

Doch Design ist nicht nur Komplize intersektionaler Diskriminierung, sondern kann auch Werkzeug sein, um Machtverhältnisse gezielt sichtbar zu machen, sie herauszufordern und gegen sie vorzugehen.

Deswegen möchte ich nicht darin verharren, von Negativbeispielen zu berichten, sondern kritische Denkansätze als Analyserahmen vorstellen, um die Leser*innen zu befähigen, ihre designte Umwelt selbst zu analysieren und Anregungen für die eigene Praxis mitzunehmen. Der Fokus liegt auf dem *Entkoppeln* und *Verschieben*[27] eines dogmatischen, einseitigen Designbegriffs, sowie dem *Verlernen* und *Modifizieren* von Design-Techniken, die Hierarchien bestärken. In diesem Abschnitt wird vertieft, wie und wo Intersektionalität und Design bereits zusammengedacht werden und Design intersektional informiert praktiziert wird.

Dafür wird die Verbindung von Intersektionalität und Design anhand von drei Beispielen betrachtet: in Form einer Designrichtung, einer Plattform und einer Bewegung. In der Designtheorie zeichnet sich mit der Gründung von institutionsunabhängigen Netzwerken und digitalen Plattformen der Wissensproduktion eine neue Entwicklung ab.[28] Stellvertretend hierfür wird die Plattform *Decolonise Design* vorgestellt, da in dem von ihren Gründer*innen veranstalteten Symposium[29] im Jahr 2017 meines Wissens nach erstmals die Zusammenhänge der Intersektionalitätstheorie mit Design diskutiert wurden. Stellvertretend für die verschiedenen neu entstandenen Designrichtungen schaue ich mir die Philosophie von *Respectful Design* an. Dabei handelt es sich um eine Kombination der Prinzipien des *Indigenen Wissens* mit Design. Hier werden die Designtheorie von

Norman W. Sheehan, die institutionelle dekoloniale Arbeit in der Lehre von Elisabeth 'Dori' Tunstall und die Übertragung von Intersektionalität auf den Designprozess von Jacquie Shaw genauer thematisiert. Respectful Design ermöglicht sowohl ein neues Sprechen über Design, als auch eine praxisorientierte Anwendbarkeit von dekolonialen Prinzipien. Außerdem soll dem aktivistisch organisierte Netzwerk *Design Justice* Aufmerksamkeit zukommen, da dieses trotz seiner innovativen Inhalte im deutschen Designdiskurs zu Unrecht noch relativ unbekannt ist. Design Justice ist eine Bewegung mit mittlerweile mehreren hundert Mitgliedern und hat mittlerweile über 3000 Unterzeichner*innen der Design Justice Richtlinien. Sasha Costanza-Chock schlägt in deren gleichnamigen Buch ein *re-tooling* von Design vor und ergründet nach einer ausführlichen Problembetrachtung, wie Design neue Wege und Mittel finden kann, um zum Werkzeug gegen intersektionale Unterdrückung und für Aktivismus zu werden. Neben direkten Bezügen zu Intersektionalität nehmen alle drei Bereiche Bezug auf dekoloniale Theorie und Praxis, die eng mit einem intersektionalen Verständnis gekoppelt sind.[30]

Um sich der Kluft zwischen Designtheorie und Praxis anzunähern, enthält der Text eine weitere Ebene: Für das Studienheft wurden Vivien Tauchmann, Hân Lê, Anoushka Khandwala und Jacquie Shaw interviewt. Auszüge aus den Berichten über die Erfahrungen und Projekte der vier Designer*innen, die sich in den ersten Jahren ihrer Praxis nach Ende des Studiums befanden, durchziehen das Buch. Sie entwickeln mit einem intentional intersektionalen Designverständnis eigene Wege zu einer neuen Designpraxis. Sei es, um Repräsentation abseits der Normen im öffentlichen Raum zu schaffen, intersektionale Theorien zu verkörperlichen, Ästhetik und Geschmack zu dekolonialisieren oder Designmethoden zur Selbstbestimmung für indigene Menschen und Gruppen zur Verfügung zu stellen – die Möglichkeiten von intersektional informierten Designpraxen sind situiert und vielfältig.

Das Studienheft wird außerdem durch ein angewandtes Zine erweitert. Das Zine (kurz für „Fanzine") stellt eine praxisbasierte Fortsetzung des Studienhefts dar. Zines werden schon lange in der feministischen Wissensproduktion eingesetzt und sind von DIY-Kultur, Punk, Aktivismus und Science-Fiction beeinflusst. Im Zine finden sich neben ausführlichen Interviewauszügen Übungen und weitere Praxisbeispiele, die das konkrete, angewandte Potential von intersektional informiertem Design vertiefen. Das Zine ist eine subjektive Momentaufnahme, die widerspiegelt, wie schnell sich der Diskurs um Intersektionalität weiterentwickelt.

> "Zines allow makers to critique, question, resist, and reappropriate the patriarchal mass media by taking the means of production into their own hands. Zines are a powerful medium for advocacy and social change. They are at once personal and political."[31]

Das Zine ist für die Leser*innen des Studienhefts kostenlos als digitale Version über die Website des Materialverlags erhältlich. Das gedruckte Zine ist Ende des

Jahres (2023) als Bundle mit dem Studienheft im adocs Verlag bzw. einzeln oder als Klassensatz über den Materialverlag der HFBK Hamburg verfügbar.

1 Audre Lorde, *Learning from the 60s*, 1982, https://www.blackpast.org/african-american-history/1982-audre-lorde-learning-60s/ [zuletzt 02.09.2023].

2 Rasheeta Chandler et al., *The impact of COVID-19 among Black women: evaluating perspectives and sources of information*, Ethnicity & Health, 26:1, 2021, https://doi.org/10.1080/13557858.2020.1841120 [zuletzt 02.03.2021], 80-93.

3 Ebd.

4 *Don't Say Gay-Act* ist der umgangssprachliche Name eines Gesetztes, welches im März 2023 unterzeichnet wurde.

5 „Woke" wird als abfällige Bezeichnung für „Politische Korrektheit" und kritische, linke, antirassistische und feministische Theorie und Sprache benutzt.

6 Das Advanced Placement Program (abgekürzt als AP) ist ein pädagogisches Programm in den USA und Kanada, welches seit 1955 frei wählbare Kurse auf College-Niveau an Highschools anbietet. Diese sind nicht Teil des Pflichtprogramms des College-Abschlusses, jedoch wichtig für die Universitäts-Bewerbung. Die AP-Kurse werden vom College Board erstellt. Das College Board ist eine gemeinnützige Organisation, die Leistungskurse zu verschiedenen Fächern für College-Schüler*innen für den kanadischen und amerikanischen Raum konzipiert.

7 Collegeboard, *Pilot – AP African American Studies*, 2023, https://apcentral.collegeboard.org/about-ap/how-ap-develops-courses-and-exams/pilot-ap-african-american-studies [zuletzt 02.05.2023].

8 Diese Zensuren und Repressionen sind mindestens rückführbar auf die Harlem-Renaissance in den 1910-30er Jahren, einer wichtigen Epoche der afroamerikanischen Kulturproduktion.

9 ACLU Massachusetts: *Banned Books by Black Authors*, https://www.aclum.org/en/banned-books-black-authors [zuletzt 02.05.2023].

10 Cheyanne M. Daniels, *Kimberlé Crenshaw calls changes to AP African American studies class 'a shame'*, The Hill, 15.02.2023, https://thehill.com/homenews/state-watch/3859277-kimberle-crenshaw-calls-changes-to-ap-african-american-studies-class-a-shame/ [zuletzt 02.05.2023].

11 Vgl.: Jonathan Friedman, Nadine Farid Johnson, *Banned in the USA: The Growing Movement to Censor Books in Schools*, 19.09.2022, Pen America, https://pen.org/report/banned-usa-growing-movement-to-censor-books-in-schools [zuletzt 02.05.2023].

12 Denora Getachew, *Best Banned Books by Black Authors – From Toni Morrison to Angie Thomas*, 10.02.2023, Teen Vogue, https://www.teenvogue.com/story/best-banned-books-black-authors [zuletzt 02.05.2023].

13 Cheyanne M. Daniels, *Kimberlé Crenshaw calls changes to AP African American studies class 'a shame'*, 2023.

14 Beispielsweise versuchen Anhänger*innen der AfD in Deutschland immer wieder, in die Lehrpläne von Schulen und Volkshochschulen einzugreifen und interkulturelle und queere Bildung zu verhindern sowie Seminare zu rechtem Populismus abzusetzen. Siehe: www.volkshochschule.de/bildungspolitik/gesellschaftlicher_zusammenhalt/afd-einfluss-auf-vhs.php [zuletzt 02.05.2023].

15 Martin Nejezchleba, * = *Fehler – Warum an Sachsen-Anhalts Schulen nicht mehr gegendert werden darf,* https://www.zeit.de/2023/36/gender-verbot-sachsen-anhalt-schulen. [zuletzt 02.10.2023].

16 Vgl.: Arturo Escobar, *Autonomous Design and the Emergent Transnational Critical Design Studies Field*, in: Design Struggles – Intersecting Histories, Pedagogies, and Perspectives, Amsterdam, 2021, 28.

17 Nina Schuster, *Neue Horizonte feministischer Wissensproduktion,* in: sub\urban, Zeitschrift für kritische Stadtforschung, 2016, Band 4, Bedingungen kritischer Wissensproduktion, 191-201.

18 bell hooks, *Theory as Liberatory Practice,* in: The Yale Journal of Law and Feminism, Vol. 4: 1, 1991, https://digitalcommons.law.yale.edu/cgi/viewcontent.cgi?article=1044&context=yjlf [zuletzt 12.03.2020], 2.

19 Combahee River Collective, *A Black Feminist Statement,* Boston, 1977, über: https://careprogram.ucla.edu/education/readings/Combahee1977 [zuletzt 01.04.2023].

20 Fatima El-Tayeb, *Rassistischer Kapitalismus: Hierarchien der Zugehörigkeit,* 2019, 37.

21 Vgl.: bell hooks, *Alles über Liebe – Neue Sichtweisen*, 2021.

22 Fatima El-Tayeb, *Rassistischer Kapitalismus: Hierarchien der Zugehörigkeit*, 2019, 37.

23 Machtkritisches Denken interpretiert die Welt als von Machtstrukturen durchsetzt. Vgl.: Katrin Singer und Michel Keding, *Positionalität*, in: Handbuch Politische Ökologie, Theorien, Konflikte, Begriffe, Methoden, 2022, 553-560.

24 Vgl.: Nina Paim und Claudia Mareis (Hg.), *Design Struggles – Intersecting Histories,* Pedagogies, and Perspectives, 2021.

25 Informelles Gespräch mit Lea Kirstein, Juli 2023.

26 Vgl.: Paul Davidoff, *Advocacy and Pluralism in Planning,* in: The City Reader, 1965.

27 Nora Sternfeld, *Verlernen vermitteln,* in: Andrea Sabisch, et al. (Hg.), Kunstpädagogische Positionen, 2014, 15.

28 Besonders hervorzuheben sind hier die Plattformen *Futuress, BIPoC Design History* und *Teaching Design.*

29 Symposium "Intersectional Perspectives on Design, Politics and Power", Malmö, 2017.

30 Vgl.: Danah Abdulla, *Sleep Faster, We Need the Pillows,* in: Jan Boelen, et al. (Hg.), 4th Istanbul Design Biennial, Design as Learning. A School of Schools Reader, Istanbul, 2018, 172-179.

31 Emily Taylor Center for Women & Gender Equity (Hg.), *Making Zines, Doing Feminism,* University of Cansas, https://emilytaylorcenter.ku.edu/make-zines-do-feminism, [zuletzt 18.03.2021].

"Each individual has a unique personal biography made up of concrete experiences, values, motivations, and emotions. No two individuals occupy the same social space; thus no two biographies are identical. Each individual biography is rooted in several overlapping cultural contexts – for example, groups defined by *race*, social class, age, gender, religion, and sexual orientation."[1]

Patricia Hill Collins

Spätestens seit die Wissenschaftshistorikerin und feministische Theoretikerin Donna Haraway 1988 den Text „Situiertes Wissen“[2] veröffentlichte, ist Objektivität ein zentrales und bis heute aktuelles Motiv in feministischer Theorie. Haraways Text macht sichtbar, dass Wissen in der Wissenschaft als neutral gilt, jedoch jede Form von Wissen situiert und damit die Wissensproduktion politisch, verkörpert, partikular und lokal ist. Sie eignet sich den Begriff der Objektivität feministisch an. „Nur eine partiale Perspektive verspricht einen objektiven Blick.“[3] Wissen ist nicht neutral, da es einerseits von den Interessen der Forschenden geprägt ist und andererseits zumeist in Abhängigkeiten produziert wird (zum Beispiel durch die Inanspruchnahme von Fördergeldern für Forschung und die damit verbundenen Erwartungen der Fördergeldgeber*innen). Somit bringt es eine Verantwortlichkeit mit sich, Wissen zu produzieren, und es ist notwendig, dass sich die Forschenden situieren, bzw. ihre Positionalitäten offenlegen, um das Wissen im Umkehrschluss auswertbar zu machen. Auch im Schwarzen Feminismus ist Objektivität ein wichtiges Thema, insbesondere im Verknüpfen von Erfahrungswissen mit Theorie.[4] Wissen zu situieren bedeutet, offenzulegen,

> „(...) aus welchem Machtgefüge heraus Wissen artikuliert wird, um dabei auszuloten, wie Wissen gerechter, solidarischer und intersektional bewusster formuliert werden kann. Bekannt geworden sind diese Diskussionen unter dem Deckmantel der Standpunkttheorien und werden heute um den Terminus Positionalität erweitert.“[5]

Der*die Essayist*in, Forscher*in und politische*r Geograf*in Sinthujan Varatharajah warnt beim Thema Identität davor, „in vereinfachte Denkmuster zu verfallen. Beim Versuch, Menschen mithilfe statistischer Schablonen einzuordnen und zu verstehen, geht immer zu viel verloren.“[6] Deswegen dürfen wir uns für eine möglichst vollständige Analyse nicht allein auf einzelne Tools, wie zum Beispiel die Matrix of Domination, verlassen. Diese können uns helfen, Positionalitäten grafisch verständlich zu machen, sind jedoch gleichzeitig – wie jedes System – in ihrer Funktion begrenzt.

Sasha Costanza-Chock beschreibt, dass fast alle Menschen nach der Matrix of Domination sowohl Privilegien als auch Benachteiligungen in sich vereinen.[7] Nicht alle Menschen erleben jedoch Mehrfachdiskriminierung (in den Kernkategorien *race,* Gender, Klasse, Sexualität und Ability). Um den Text objektiver interpretierbar zu machen, möchte ich hier als Verfasserin Teile meiner Positionalität auf der Matrix of Domination verorten, und mit einigen autobiografischen Details ergänzen, auch wenn dies eine unvollständige Momentaufnahme bleiben wird.

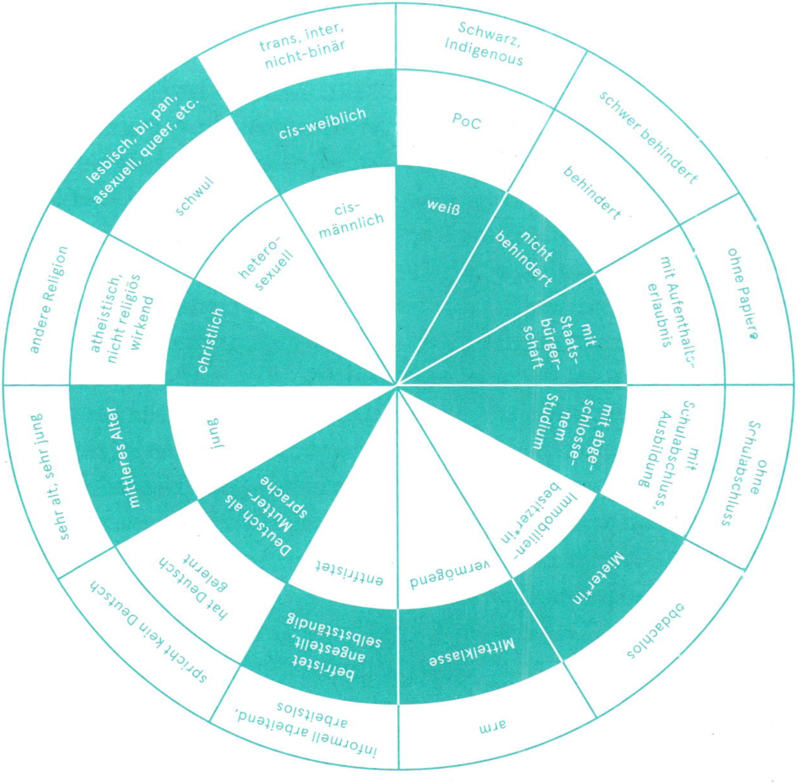

Abbildung 1:
Die Matrix of Domination-Grafik zeigt einen Ausschnitt der Positionalität der Autorin. Mehr Informationen zum Schaubild finden sich in Kapitel 1.3

Es hat mich beeinflusst, dass meine gesamte Familie in der DDR gelebt hat, da ich mit sehr starken und selbstständigen Frauenbildern aufgewachsen bin und mit den unterschwelligen Werten erzogen wurde, dass das Wohl der Gruppe immer vor das Individuum zu stellen ist (mit den Vor- und Nachteilen, die dieser Glaubenssatz mit sich bringt). Ich wurde drei Jahre nach dem Mauerfall als jüngstes von drei Kindern geboren, in der unsicheren Nachwendezeit in Erfurt. Diese barg viele neue Freiheiten, so hat sich mein Vater z.B. als Kneipenbesitzer und Veranstalter selbstständig machen können, während meine Mutter ihr Studium als Lehrerin beendete. Gleichzeitig waren es die *Baseballschläger-Jahre,* in denen sich Nazigangs formierten und in den neuen Bundesländern Ausländer*innen, Punks und Linke brutal verfolgten.[8] Auch mein Vater war durch die Konzerte, die er veranstaltete, und sein punk- und bluesbetontes Publikum davon betroffen und seine Bars wurden über Jahre hinweg immer wieder von Nazis, die auch unsere Familie bedrohten, überfallen und erpresst. Es gab damals für ihn nicht wirklich Unterstützung von Polizei und Rechtssystem. Diese sehr frühe Erfahrung hat mir eine Skepsis gegenüber institutioneller Autorität und Gewalt mitgegeben.

Mindestens einer meiner Urgroßväter war für die Nazis im Krieg, somit bin ich ein Mensch mit Nazihintergrund.[9] Ich bin noch dabei, meine familiäre Involviertheit im Nationalsozialismus tiefergehend zu recherchieren. Diese beiden Fragmente meiner Identität bringe ich hier als Beispiel an, um zu zeigen, wie komplex und widersprüchlich Identitäten sein können.

Meine Gestaltungspraxis bewegt sich an der Schnittstelle von Kunst, Design und Vermittlung. Meist arbeite ich kollektiv und in Nachbarschaftskontexten und mit Initiativen. Als selbstständige Designerin gestalte ich

Publikationen, Ausstellungen und Workshops und lebe in Hamburg. Seit kurzem bin ich künstlerische Mitarbeiterin in der Studiengruppe Informationsdesign an der Burg Giebichenstein Kunsthochschule Halle und freue mich sehr über die neue Herausforderung, zu unterrichten und die ökonomische Absicherung, die diese Position für mich mit sich bringt.

Die Auseinandersetzung mit Texten des Schwarzen Feminismus war prägend für mich. Da ich als *weiße* Person selbst nicht direkt von Rassismus betroffen bin, kann ich die Texte des Schwarzen Feminismus teilweise nur in einer theoretischen Perspektive, nicht aber auf der Ebene der Erfahrung nachvollziehen.

Nie zuvor haben mich Theorietexte so berührt. Die Texte haben mir dabei geholfen, meine eigene Positionalität zu reflektieren und mit meinen spezifischen Erfahrungen auf verschiedenen Ebenen daran anzuknüpfen. So gaben feministische Theorien auch mir Begriffe und Konzepte an die Hand, die für mein alltägliches Leben und meine Designpraxis enorme Befreiungsmomente darstellen, wie Queerness und Community Care. Für mich beschreibt das queer sein neben Sexualitäts- und Genderzuschreibungen – welche ich beide als fluide Konzepte begreife – auch eine Grundhaltung. bell hooks hat queer sein als folgenden Zustand und Prozess beschrieben:

> „(…) ‚queer' als das Selbst, das im Widerspruch zu Allem steht, was es umgibt, und das sich erfinden und erschaffen und einen Platz finden muss, um zu sprechen, zu gedeihen und zu leben."[10]

Die Lektüre für das Buch hat mich auch angeregt, Design in der Praxis anzuwenden, um meine feministischen Ziele der Vernetzung zu erreichen. In den letzten Jahren habe ich einen feministischen Ort in meiner Nachbarschaft Wilhelmsburg mit aufgebaut und begreife diesen Prozess als Designprozess. Die Recherche über das Combahee River Collective hat mich dazu bewogen, dies als Aktivismus ernst zu nehmen. Das Kollektive stellt für mich die einzige Alternative zum Individualismus dar, der aus den Machtstrukturen entsteht.

Bis zum Ende des Schreibprozesses treibt mich die Frage um, ob ich als *weiße* Person die richtige bin, dieses Buch zu schreiben. Die US-amerikanische feministische Philosophin Nancy Hartsock beschreibt das Problem der privilegierten Wissensproduktion treffend: "Domination, viewed from above, is more likely to appear as equality."[11] Audre Lordes Text "The Transformation of Silence into Language and Action" hat mir aber gezeigt, wie wichtig es ist, nicht am Punkt der eigenen Lähmung zu verharren und auch Konflikte nicht zu scheuen. Sie schreibt, dass ein identitätsbasiertes Zögern, sich Inhalten anzunehmen, aus der Angst heraus, diese eventuell zu appropriieren, einem Solidarisieren über Identitätskategorien hinweg im Weg steht:

> "And where the words of women are crying to be heard, we must each of us recognize our responsibility to seek those words out, to read them and share them and examine them in their pertinence to our lives. That we not hide behind the mockeries

> of separations that have been imposed upon us and which so often we accept as our own. For instance, 'I can't possibly teach Black women's writing – their experience is so different from mine.' Yet how many years have you spent teaching Plato and Shakespeare and Proust? Or another, 'She's a *white* woman and what could she possibly have to say to me?' Or, 'She's a lesbian, what would my husband say, or my chairman?' Or again, 'This woman writes of her sons and I have no children.' And all the other endless ways in which we rob ourselves of ourselves and each other."[12]

In diesem Sinne möchte ich dabei helfen, die referierten Texte und Konzepte noch weiter in der deutschen Designszene zu verbreiten und hoffe, dass dieser Text es am Diskurs interessierten Personen erleichtert, an einem anderen Punkt anzusetzen und noch tiefer zu gehen.

Dieses Buch ist aus dem Verlangen entstanden, mein intersektional-feministisches Interesse stärker mit meiner Praxis als Designerin zu verbinden. Ein Schlüsselmoment hierfür war, in der Experimentellen Klasse gemeinsam feministische Theorie zu lesen und uns auf persönliche Art und Weise darüber auszutauschen, sowie kollektiv zu schreiben und zu publizieren, und so die Welt neu zu verstehen.[13] So haben mir u.a. die institutionskritischen Texte von Sara Ahmed dabei geholfen, meine Erfahrungen mit Konkurrenzdruck und der Hochschwelligkeit vieler Diskussionen an der Kunsthochschule einzuordnen. Mit kollektiver Arbeit war es uns möglich, Gegenentwürfe zum Einzelkämpfertum und Genie-Mythos in der Kunst zu finden. In diesem Sinne entwickelte ich auch ein stärker werdendes persönliches Unbehagen vielen Designpraxen gegenüber. Das Ausmaß der Verantwortung von Design lähmten mich zwischenzeitlich. So ist mein heutiger Wissensstand auch geprägt von dieser Erfahrung und dem Drang, diesen Zustand zu überwinden.

Die erste Fassung dieses Textes habe ich 2021 als Theorieteil meiner Masterarbeit geschrieben. In dieser Zeit fanden auch die Interviews statt. Editiert und ausführlich überarbeitet wurde der Text größtenteils 2023. In den zwei Jahren, die zwischen dem ersten Schreiben und dem Editieren lagen, ist sowohl weltweit als auch in der kritischen Designszene viel passiert. Intersektionalität ist ein noch präsenteres Thema geworden, es sind wichtige neue Veröffentlichungen erschienen, wie “Design Struggle – Intersecting Histories, Pedagogies, and Perspectives”, herausgegeben von Claudia Mareis und Nina Paim, sowie “Decolonizing Design” von Elisabeth ‘Dori’ Tunstall. Die schnelllebige neue Wissensproduktion um Intersektionalität führt dazu, dass dieses Studienheft eine Momentaufnahme bleiben wird. Begrüßenswerterweise erscheinen wöchentlich neue relevante Artikel und die antirassistische und feministische Design-Szene mit einer Generation kritischer Nachwuchdesigner*innen mobilisiert sich.

Während meiner Recherche bildeten sich die Schwerpunkte gender und *race*. Andere Bereiche, wie Klasse und Ability werden in diesem Text eher angerissen und weniger in Beispielen verhandelt, sie sind aber keinesfalls weniger wichtig.[14] Im Verlauf der Überarbeitung hat sich mein Verständnis für die Bedeutung dessen, ein solches Buch herauszubringen, immer mehr dahingehend verändert, es als politischen Akt zu betrachten.

Quellen

In der Auswahl der hier verwendeten Quellen habe ich Wert darauf gelegt, gegen den männlichen, westlichen, *weißen* Theorie-Kanon anzuarbeiten, den ich – zumindest in meinem Bachelor-Studium[15] – vermittelt bekommen habe. Denn die Mehrzahl der Texte, die der Arbeit zu Grunde liegen, sind aus einer feministischen und antirassistischen Perspektive geschrieben. Viele der zitierten Autor*innen machen Erfahrungen mit Mehrfach-Marginalisierung.

Die Corona-Pandemie hat die Formate der Wissensproduktion der letzten Jahre stark beeinflusst. Einige der während des Schreibprozesses erschienenen Quellen sind Mitschnitte von Video-Call-Gesprächen und Vorträgen, Podcasts und Dokumentationen von digitalen Workshops. Solche Formate, die von gängigen wissenschaftlichen Produktionen abweichen, sind dennoch, soweit möglich, als Zitate kenntlich gemacht.

Interviews

Die Interviewpartner*innen sind vier Designer*innen, die unterschiedliche Designrichtungen praktizieren, darunter Grafikdesign, Design Performances, Designlehre, zukunftsorientiertes Design Thinking und Beratung.

Jacquie Shaw
ist nicht-binäre*r Designer*in und Zukunftsstrateg*in im Bereich Designtheorie, Lehre und Beratung und lebt in Vancouver. Shaw arbeitet als Alchemist*in für *Future Ancestor Services Inc.*. Durch eine intensive Auseinandersetzung mit Internetkultur hat sier gesehen, wie unterschiedlich die Lebensrealitäten der Menschen und wie vielfältig deren Identitäten sind. Shaw hat im Studium festgestellt, dass Design zum Kapitalismus beiträgt (z.B. durch geplante Obsoleszenz) und sehr unpolitisch unterrichtet wird. Daraufhin hat sier sich kritische Theorien selbst angeeignet. Nach einigen Jahren Grafikdesign-Praxis hat Shaw den Master in *Strategic Foreseeing* bei Elisabeth 'Dori' Tunstall an der *OCAD University* in Toronto gemacht, weswegen sier sehr stark vom Respectful Design-Begriff beeinflusst ist. Shaw hat ein großes Interesse für Indigenes Wissen und ein ganzheitliches Designverständnis entwickelt. In deren Masterarbeit schrieb sier über eine intentionale intersektionale Designpraxis und hat dabei Erfahrungswissen stark mit Theorie verknüpft und mit experimentellen Formaten wie Zines und inneren Monologen ergänzt. In diesem Zusammenhang hat Shaw ein Designmodell entwickelt, um Intersektionalität im kompletten Designprozess zu implementieren.

Für Shaw ist die eigene queere, filipinisch-bermudianische migrantische Siedler*innen-Identität untrennbar mit deren Designer*innen-Persönlichkeit und den eigenen Designs verbunden. Shaw beschreibt Intersektionalität als allumfassend und als endlosen Lernprozess, der täglich geübt werden kann.

Hân Lê
arbeitet als selbstständige Grafikdesignerin und Illustratorin in Halle. Sie hat an der Burg Giebichenstein Kunsthochschule Halle ihren Bachelorabschluss in Kommunikationsdesign absolviert. Dabei ist ihr der unkritische, homogene Lehrkanon besonders in der Designtheorie aufgefallen. Nach ihrer eigenen Aussage ist eine der Hauptantriebskräfte für ihre antirassistischen und feministischen Projekte die Wut darüber, wie Design zu Ausschlüssen und Exotisierung beiträgt. Diese motiviert sie dazu, in ihrer eigenen Gestaltungspraxis anders zu agieren und möglichst ohne Stereotype auszukommen. Lê sieht Intersektionalität als Fundament für ihre Praxis. Auch wenn ihre Projekte nicht immer vordergründig als feministisch oder antirassistisch gelabelt sind, nimmt sie auch auf die Projektinhalte und Umsetzungsdetails Einfluss, wie z.B. gendersensible Sprache. So übernimmt sie Autor*innenschaft, teils über den traditionellen Designrahmen hinaus, sieht diese zusätzliche Verantwortung aber auch kritisch, insbesondere, da sie so teilweise in eine Token-Position gebracht wird.

Lê hat das Leitsystem für den Hauptbahnhof Halle (Saale) gestaltet, in dem lebensgroße Icons den Weg zu den Gleisen und wichtigen Orten weisen. Besucher*innen konnten in einem digitalen Generator Piktogramme von sich selbst erstellen. Einige davon haben Einzug in das Leitsystem gefunden, welches die Herausforderung trägt, als Projekt im öffentlichen Raum nahezu alle Menschen zu erreichen und zu repräsentieren. Die Icons sind besonders detailreich gestaltet, um eine Vielfalt abzubilden. Als Strategie, um ihre eigenen

Arbeiten auf Klischees zu überprüfen, versetzt sich Lê in verschiedene, besonders stark marginalisierte Rollen. Sie nutzt so die Empathie, die durch ein Wechseln von intersektionalen Perspektiven entsteht, als praktische Designstrategie.

Vivien Tauchmann
erforscht und hinterfragt gesellschaftspolitische Beziehungen der Unterdrückung und Solidarität durch verkörpernde und kinästhetische Ansätze. Sie lebt und arbeitet in Leipzig und Istanbul. Sie hat ihren Bachelor in Modedesign an der Fakultät für Angewandte Kunst in Schneeberg und einen Master in Social Design an der Design Academy Eindhoven gemacht. Während ihrer Schulzeit und des Bachelors haben sie Klassismuserfahrungen und das Erleben der Auswirkungen rechtsradikaler Strukturen im ländlichen Sachsen, aber auch der Kampf dagegen, geprägt. Während des Modestudiums hat sie durch die Körperlichkeit des Fertigungsprozesses von Bekleidung Einblicke gewonnen, wie ausbeuterisch und schädigend klassische Modeproduktion insbesondere für die marginalisierten Produzent*innen ist. Sie entschied sich, keine Objekte mehr zu produzieren, um keinen Beitrag zu Fast-Fashion-Kreisläufen zu leisten. Stattdessen widmet sie sich in ihrer Arbeit dem Körper und Bewegungen. Sie spezialisiert sich heute auf kollektiv erfahrbare Performances, die meistens von Arbeit handeln und komplett ohne Objekte auskommen – dabei nutzt sie gezielt die visuelle Kraft von Design und verbirgt die Bewegungen aus dem Produktionsprozess erst einmal in einer abstrakten

Ästhetik. Die italienische Designtheoretikerin Vera Sacchetti sieht in Tauchmanns Performances gar eine designerische Umsetzung des postkolonialen Klassikers “Can the Subaltern Speak?”[16] und ein dadurch entstehendes Überbrücken der Unterscheidung in das *wir* und *die Anderen*.[17] Mit der schleichenden Realisierung, welche Bewegungen gerade kollektiv nachgeahmt werden, tritt beim Publikum, bzw. den Performer*innen ein Unbehagen und so eine Form der Sensibilisierung ein. Tauchmann setzt das Unbehagen als Strategie für ein körperliches Lernen und als Übersetzung von intersektional feministischen Theorien ein. Hierbei bewegt sie sich sowohl in Kunst- und Designinstitutionen wie dem Kunstgewerbemuseum Dresden, aber auch im Bereich der politischen Bildung und Aktivismus, wie der Clean Clothes Campaign.

Anoushka Khandwala
lebt in London und ihr Wirkungsfeld ist vielfältig. Sie ist sowohl Grafikdesignerin, Illustratorin, und Lehrende, als auch Designjournalistin. Dabei verkörpert sie in allen Bereichen intersektionale und dekoloniale Praxen. Ihr ist während des Designstudiums bewusst geworden, wie sehr sie sich den eurozentrischen und modernistischen Vorstellungen vom *guten Design* an ihrer Hochschule, dem Central Saint Martins College for Art and Design, angepasst hat. Heute hinterfragt sie die Idee vom guten Design aktiv und hat ihren eigenen Stil wiedergefunden, den sie als unordentlich und komplex (messy) beschreibt. *Messiness* ist für sie eine Gegenstrategie zu blind reproduziertem minimalistischen Design.

Khandwala beschäftigt sich in ihren Artikeln, die sie zum Beispiel auf der Website “AIGA Eye on Design” veröffentlicht, unter anderem mit der Situiertheit von Geschmack und Ästhetik und dem eurozentrischen Designverständnis. Eine ihrer Strategien, um von der Idee vom *guten Design* wegzukommen, ist es, Design – insbesondere in der Lehre – nicht in gut und schlecht zu unterteilen, sondern danach zu bewerten, wie wirkungsvoll es jeweils im spezifischen Kontext ist.

Außerdem möchte sie die Neugier ihrer Studierenden fördern, da diese dabei helfe, dominante Systeme zu hinterfragen. Sie bezieht die Rolle der Designindustrie in die Fortschreibung von diskriminierenden Strukturen ein. Ihre Motivation für ihre Designpraxis ist es, nach Momenten der Freude zu suchen und Solidarität durch Kollaborationen aufzubauen.

Die Interviews wurden als qualitative Tiefeninterviews[18] konzipiert, eine Interviewtechnik, die auf langen Interviews mit offenen Fragen basiert, bei denen die Interviewten große Redeanteile haben. Sie ermöglichen es, Denk- und Handlungsmuster abzufragen. So entstehen tiefgreifende Erzählungen. Die Interviewten haben die Chance, selbst die Schwerpunkte mitzubestimmen.

Mein Ziel war es, mich mit offenen Fragen im Sinne eines radikalen Zuhörens[19] möglichst zurückzuhalten, um die Hierarchie zu verringern, die zwangsläufig zwischen der interviewenden und der interviewten Person entsteht. In der feministischen Interviewtechnik ist bekannt, dass die Inhalte des Interviews von den Identitäten beider Beteiligten beeinflusst werden.[20] Die amerikanische feministische Soziologin Sharlene Nagy Hesse-Bieber schreibt hierzu:

> "Reflexivity goes to the heart of the in-depth interview; it is a process whereby the researcher is sensitive to the important 'situational' dynamics that exist between the researcher and the researched that can affect the creation of knowledge."[21]

Vermutlich würden meine Interviewpartner*innen of Color mit einer PoC anders über Rassismus sprechen als mit mir. Deshalb ist es auch für die Auswertung der Interviews relevant, meine Positionalität transparent zu machen.[22]

Die vier Interviews sind eine wichtige Quelle des Erfahrungs- und Praxiswissens und zeigen, wie intersektional informiert die Designer*innen praktizieren und ihre Lebensrealitäten und Identitäten bewusst in Designprozesse einfließen lassen. Ich bin berührt und dankbar dafür, wie viel Persönliches die vier Designer*innen geteilt haben und wie viel Vertrauen und Verantwortung mir damit übertragen wurde. Es zeigt mir jedoch auch, dass eine Wissensproduktion, in der theoretisches Wissen und Erfahrungswissen miteinander Hand in Hand gehen, möglich ist.

1 Patricia Hill Collins, *Black Feminist Thought in the Matrix of Domination*, in: Patricia Hill Collins, Black Feminist Thought: Knowledge, Consciousness, and the Politics of Empowerment, Boston, 1990, 221–238, http://www.hartford-hwp.com/archives/45a/252.html, [zuletzt 01.04.2020].

2 Donna Haraway, *Situated Knowledges: The Science Question in Feminism and the Privilege of Partial Perspective*, in: Feminist Studies, vol. 14, Nr. 3, 1988, 575–599, www.jstor.org/stable/3178066, [zuletzt 3.3.2021].

3 Donna Haraway, *Situiertes Wissen*, 1995, 73-97.

4 Vgl.: Patricia Hill Collins, *Black Feminist Thought: Knowledge, Consciousness, and the Politics of Empowerment*, 1990.

5 Katrin Singer und Michel Keding, *Positionalität*, in: Handbuch Politische Ökologie, Theorien, Konflikte, Begriffe, Methoden, 2022, 556.

6 Jurek Skrobala, *Wer ist für Sie ein »Mensch mit Nazihintergrund«?, Interview mit Sinthujan Varatharajah und Moshtari Hilal*, Spiegel online, 20.03.2021, https://www.spiegel.de/kultur/identitaets-politik-sind-weisse-deutsche-menschen-mit-nazihintergrund-a-5d7ce95-d83c-46c5-874f-8efb0cb26d7c, [zuletzt 6.5.2023].

7 Vgl.: Sasha Costanza-Chock, *Introduction: #TravelingWhileTrans, Design Justice, and Escape from the Matrix of Domination*, in: Design Justice, 2020, https://design-justice.pubpub.org/pub/ap8rgw5e, [zuletzt 10.04.2021].

8 Welche Ausmaße die Gewalt insbesondere PoC gegenüber annahm und wie sie von der Polizei und dem Staat toleriert wurde, ist sichtbar z.B. am Tod des Angolaners Amadeu Antonio, der 1990 in Eberswalde in Anwesenheit der Polizei von einem Mob von 50 Neonazis getötet wurde und am 6. November seinen Verletzungen erlag. siehe https://www.amadeu-antonio-stiftung.de/amadeu-antonio/erschlagen-vom-nazi-mob-waehrend-die-polizei-zusah/ [zuletzt 6.5.2023].

9 Der Begriff „Nazihintergrund" wurde von der Künstlerin Moshtari Hilal und Essayist*in, Forscher*in und politische*r Geograf*in Sinthujan Varatharajah 2021 in einer Debatte um das Nazierbe des deutschen Kulturbetriebs ins Leben gerufen, als Antwort auf den von ihnen kritisierten Begriff *„Mensch mit Migrationshintergrund"*. Sie wollen damit herausfordern, dass sich auch diejenigen markieren, deren privilegierte Identitäten in Debatten sonst unmarkiert bleiben, weil sie einen Machthintergrund haben. Siehe: Jurek Skrobala: *Wer ist für Sie ein »Mensch mit Nazihintergrund«?, Interview mit Sinthujan Varatharajah und Moshtari Hilal*, 2021.

10 Eigene Übersetzung. Zitat aus: Eugene Lang College, *bell hooks - Are You Still a Slave? Liberating the Black Female Body,* https://www.youtube.com/watch?v=rJk0hNROvzs&ab_channel=TheNewSchool [zuletzt 3.3.2023].

11 Nancy Hartsock, *Foucault on Power,* in: Feminism and Postmodernism 1990, 168.

12 Audre Lorde, *The Transformation of Silence into Language and Action,* in: Sister Outsider, 40-44, https://classics.fas.harvard.edu/files/classics/files/bowdoin_latin_silenceintoaction.pdf, [zuletzt 27.02.2023].

13 Die transdisziplinäre Experimentelle Klasse gab es von 2019–2021 an der HFBK Hamburg und wurde selbst-initiiert von den lehrenden Joke Janssen und ANna Tautfest. Gemeinsam wurde das Buch „Kanon" herausgegeben, welches die Arbeit in der Klasse dokumentiert.

14 Vertieft wird das Thema Klassismus in Bezug auf die Designszene in folgenden Büchern: Afonso Matos (Hg.), *Who can afford to be critical? An inquiry into what we can't do alone, as designers, and into what we might be able to do together, as people,* Set Margins' #11, 2023; sowie: Paola De Martin, *Give us a Break! Arbeitermilieu und Designszene im Aufbruch,* 2022.

Das Thema Ableismus und Design kann u.a. in den Texten des Designers und Disability Justice Aktivisten Joshua A. Halstead nachgelesen werden, z.B. in seinen Essays "Disability Justice" und "Embodied Learning", aus dem Buch: Ellen Lupton, Jennifer Tobias, Josh Halstead, Leslie Xia, Kaleena S, *Extra Bold: A Feminist, Inclusive, Anti-racist, Nonbinary Field Guide for Graphic Designers, 2021.*

15 Wie dieser homogene Kanon aussah, den ich an der Kunsthochschule gelehrt bekommen habe, wird in dem Interview mit Hân Lê deutlich. Wir haben gemeinsam im Bachelor Kommunikationsdesign an der Kunsthochschule Burg Giebichenstein Halle studiert. Nachzulesen im Interview Teil 1 mit Lê.

16 Vgl. Gayatri Chakravorty Spivak, *Can the Subaltern Speak?* in: Cary Nelson und Lawrence Grossberg (Hg.), Marxism and the Interpretation of Culture, 1988, 271-313.

17 Vera Saccetti, *The Self as Other: Vivien Tauchmann's 'minor gestures' towards the entwinement of design processes and the body,* in: Jan Boelen und Michael Kaethler (Hg.), Social matter, social design: For good or for bad, all design is social design, 2020, 61-67.

18 Andrea Heistinger, *Qualitative Interviews – Ein Leitfaden zu Vorbereitung und Durchführung inklusive einiger theoretischer Anmerkungen,* 2006/2007, https://www.uibk.ac.at/iezw/mitarbeiterinnen/senior-lecturer/bernd_lederer/downloads/durchfuehrung_von_qualitativen_interviews_uniwien.pdf, [zuletzt 18.09.2020].

19 Vgl.: Anna-Sophia Unterstab, *Radikales Zuhören,* in: Kanon – Die Experimentelle Klasse, ANna Tautfest und Joke Janssen (Hg.), 2021.

20 Sharlene Nagy Hesse-Biber, *Feminist Research Practice: A Primer,* 2013, 111-148.

21 Ebd., 130.

22 Emily Taylor Center for Women & Gender Equity (Hg.), *Making Zines, Doing Feminism,* University of Cansas, https://emilytaylorcenter.ku.edu/make-zines-do-feminism, [zuletzt 18.03.2021].

1.
1+1=3
INTERSEKTIONALITÄT – EINE EINFÜHRUNG

„Intersektionalität" ist ein Begriff, der aus der Schwarzen Frauenbewegung in den USA stammt. Er wurde 1989 von der afroamerikanischen Juristin und Aktivistin Kimberlé Crenshaw eingeführt, um die Mehrfach-Marginalisierungserfahrungen Schwarzer Frauen in den USA zu benennen und sichtbar zu machen. Ihre Erfahrungen wurden damals weder in der Rechtsprechung anerkannt, noch wurde ihnen in antirassistischen und feministischen Aktivismus-Kreisen Raum gegeben. Bis zu diesem Zeitpunkt wurde Diskriminierung auf einzelne Kategorien (z.B. Geschlecht, Klasse, *race*, Behinderung, ...) reduziert, die als nebeneinander verlaufend angesehen wurden. Die Schwarze Frauenbewegung hat dagegen sichtbar gemacht, dass Diskriminierung ein verwobenes Geflecht ist. Das Wort Intersektionalität stammt vom englischen Wort 'intersection' ab und bedeutet Überschneidung. Oft wird die Metapher einer Straßenkreuzung benutzt, um das Überkreuzen bzw. Aufeinandertreffen von mehreren Diskriminierungskategorien zu illustrieren. Diese addieren sich nicht einfach, sondern an den Überschneidungen entstehen zusätzlich neue Unterdrückungsmechanismen. So macht eine Schwarze, lesbische Frau in ihrem Alltag zusätzlich zu queerfeindlichen, rassistischen und sexistischen Erfahrungen auch noch spezifische Diskriminierungserfahrungen, welche einer *weißen,* queeren Frau oder einer Schwarzen heterosexuellen Frau so nicht widerfahren. Dieser Zusammenhang wird mit der Formel *1+1=3* illustriert.

Crenshaw veröffentlichte 1989 den Text "Demarginalizing the Intersection of Race and Sex: A Black Feminist Critique of Antidiscrimination Doctrine, Feminist Theory and Antiracist Politics"[1], in dem sie den Begriff sowohl in seiner aktivistischen als auch juristischen Dimension erklärt. Crenshaws Text stellt allerdings nicht den Beginn von Intersektionalität dar, sondern den Benennungsmoment. Schon zuvor war Intersektionalität *gelebte Realität*[2]. Eine Vielzahl von Schwarzen weiblichen Stimmen ebnete den Weg für den Begriff. Bereits im 18. Jahrhundert verarbeitete Sojourner Truth[3] ihre Erfahrungen in aktivistischen Reden. Ihr folgten im 19. Jahrhundert z.B. Anna Julia Cooper[4] und in den 1960er bis 90er Jahren Frances Beal, Audre Lorde, bell hooks, Angela Davis, Alice Walker und Toni Morrison mit zahlreichen Reden, Lyrik, Epik und später auch Theorietexten.[5]

Bis sich der Begriff *Intersektionalität* durchgesetzt hatte, verliefen die Diskurse über mehrdimensionale Machtverhältnisse unter angrenzenden Begriffen, wie *Womanism* oder *Tripple Oppression*. Aus der Schwarzen feministischen Bewegung fanden sie in den 1980er Jahren ihren Weg hinein in die Geisteswissenschaften und wurden, wie von der Schwarzen Soziologin Patricia Hill Collins beschrieben, zum Wissensprojekt.[6]

Um sicher zu gehen, dass das Verständnis von Intersektionalität in der Übertragung auf Design nicht zu sehr von seinen Ursprüngen entfremdet wird, soll es in diesem Kapitel um drei zentrale Perspektiven auf Intersektionalität gehen, die aufeinander aufbauen: Das Combahee River Collective ist beispielhaft für den Bewegungscharakter und die kollektive Kraft von intersektionalem Aktivismus. Kimberlé Crenshaws Verständnis von Intersektionalität bildet die Theoriebasis. Diese wird von der Matrix of Domination von Patricia Hill Collins um einen soziologischen Analyserahmen ergänzt.

1.1
Barbara Smith und das Combahee River Collective

> "Combahee was really so wonderful because it was the first time that I could be all of who I was in the same place. That I didn't have to leave my feminism outside the door to be accepted as I would in a conservative Black political context. I didn't have to leave my lesbianism outside. I didn't have to leave my *race* outside, as I might in an all-white-women's context where they didn't want to know all of that. So, it was just really wonderful to be able to be our whole selves and to be accepted in that way."[7]

Das Combahee River Collective (CRC) wurde 1974 in Boston von den Schwarzen lesbischen Zwillingsschwestern Barbara[8] und Beverly Smith, Demita Frazier und anderen gegründet. Barbara Smith ist Autorin, Aktivistin und Wissenschaftlerin und Beverly Smith ist Dozentin für Frauengesundheit. Auch Demita Frazier ist Schriftstellerin und Aktivistin. Der Name der Gruppe geht auf die 1863 stattgefundene Befreiung von 750 Sklav*innen am Combahee River unter der Leitung der Schwarzen, behinderten Aktivistin Harriet Tubman zurück, welche sich für Abolitionismus – die Abschaffung der Sklaverei – eingesetzt hat. Barbara Smith und ihre Mitstreiterinnen wollten dem historisch bedeutenden Ereignis damit Sichtbarkeit verschaffen und seine Kollektivität betonen. Eine kleine Gruppe intellektueller Schwarzer Feministinnen begann, sich zunächst als Ortsgruppe der National Black Feminist Organization in Boston zu treffen. Sie nahmen jedoch schnell eine radikalere Position in Bezug auf eine marxistisch-sozialistisch inspirierte Wirtschaft ein. Außerdem wollten sie der lesbischen Identität vieler Mitglieder Raum geben, sowie eine hierarchiefreie Struktur in den Vordergrund ihrer Arbeit rücken.[9] Über die Jahre organisierten sich hunderte von Frauen im CRC.[10]

Das Boston der 1970er Jahre war von Rassismus und segregierten Wohnvierteln geprägt. Bostoner of Color konnten sich in vielen Gegenden der Stadt nicht aufhalten, da dort das Risiko bestand, von den White Nationalists angegriffen zu werden. Für besonders viel Aufsehen sorgte 1976 der rassistisch motivierte Übergriff auf den Schwarzen Bürgerrechtsanwalt Ted Landsmark[11]: Er wurde auf dem Weg zum Gericht von Demonstrierenden mit der Fahnenstange einer USA-Flagge niedergestochen und schwer verletzt. Ein Foto dieses Moments verbreitete sich rasant, da es die Gewalt präzise einfing.[12] Die Demonstration fand im Zuge der Proteste gegen die *Desegregation*, das Beenden der Rassentrennung an Bostoner Schulen, statt. Solche Proteste gab es immer wieder seit dem Start des *Busing-Programms* 1971, das für eine soziale Durchmischung an Schulen sorgte, indem es Schwarze Kinder aus den Innenstädten an *weiße* Schulen und *weiße* Kinder aus den Vorstädten mit dem Bus an Schulen in Schwarze Nachbarschaften brachte.[13] Diese Konflikte zeigen beispielhaft, wie angespannt die Lage in weiten Teilen der USA und lokal in Boston war und wie radikal und engagiert es gewesen ist, dass sich das CRC dem entgegenstellte.

> "In the early 1970s, to be a Black lesbian feminist meant that you were a person of total courage. It was almost frightening. (...) It was just like no place for us. That is what Combahee created, a place where we could be ourselves and where we were valued. A place without homophobia, a place without racism, a place without sexism."[14]

In ihrem 2017 über das Kollektiv erschienenen Buch "How We Get Free"[15] beschreibt die afroamerikanische Autorin und Aktivistin Keeanga-Yamahtta Taylor das Anliegen des CRC, die Unterdrückung Schwarzer Frauen unter dem Einfluss des Kapitalismus zu betrachten und eine Umgestaltung der Gesellschaft zu fordern. Diese sollte die Bedürfnisse der am stärksten von Unterdrückung Betroffenen in den Mittelpunkt rücken. Denn wenn sie befreit würden, wäre die Befreiung aller erreicht. Für das CRC handelte es sich hierbei nicht um eine akademische Theorie, sondern um angewandten Aktivismus. Sie wollten es Schwarzen Frauen erleichtern, sich politisch zu beteiligen und ihre Erfahrungen und Anliegen sichtbar zu machen. Das war eine Herausforderung, da Schwarze Frauen bis dahin weder in der feministischen, noch in der antirassistischen Bewegung wirklich Gehör fanden. Ziel war es nun nicht nur, die Gleichstellung mit Schwarzen Männern und *weißen* Frauen zu erreichen, sondern auch, diese als Verbündete zu gewinnen. Das CRC wollte den Schwarzen Männern verständlich machen, dass ihre Befreiung von Rassismus maßgeblich von der Befreiung Schwarzer Frauen abhängt und sie sich deswegen mit deren Anliegen auseinandersetzen müssten.

Weil es auch innerhalb der Schwarzen Communitys noch riskant war, als Feministin aufzutreten, beschreibt Smith die Mitglieder des Kollektivs als *risk-takers* und *ground breakers*. Sie unterstützten einander und bildeten sich gemeinsam in den vom CRC organisierten Retreats weiter, die zum Teil bei den Mitgliedern zu Hause stattfanden. In diesem Rahmen tauschten sich die Mitglieder über Schwarze feministische Literatur aus, aber es sollte auch zusammen getanzt, gegessen und gelacht werden. Das erste Retreat hatte 20-30 Teilnehmerinnen, unter ihnen auch Audre Lorde. Die meisten der scharfsinnigen Fragen, die sich das CRC in den Retreats stellte, sind noch immer aktuell und unvollständig beantwortet:

> „Wie können neue Organisations-Skills für die Schwarze feministische Revolution entwickelt werden? Wie können neue Institutionen aufgebaut werden? Wie gehen wir mit den Zugangsbarrieren zum Aktivismus, wie mit Antifeminismus, Repressionen, Klasse, dem Backlash, Heterosexismus, Rassismus, Altersdiskriminierung und Sexismus um? Außerdem: Kann Selbstverlegen ein Werkzeug für Aktivismus sein? (...) Wie können wir die Probleme beim Bilden von Koalitionen zwischen *weißen* Frauen und Schwarzen Frauen lösen?“[16]

Zu Beginn der Retreats 1977 begann das Kollektiv sich anhand ihrer jeweiligen Biographien darüber auszutauschen, was sie zu Feministinnen gemacht hatte. Bei aller Unterschiedlichkeit fanden sie dabei einige Gemeinsamkeiten: Sie alle waren als Mädchen und

Teenagerinnen durch ihre Widerspenstigkeit aufgefallen und sind auch später noch angeeckt.[17] Als Schwarze Denkerinnen mussten sie einen hohen Preis bezahlen, da sie immer auch als *smart-ugly*[18] wahrgenommen und für ihre Intellektualität wesentlich rigider bewertet wurden als *weiße* Frauen. Außerdem war ihnen allen schon früh häusliche oder sexualisierte Gewalt widerfahren. Diese Erfahrungen motivierten sie, wirklich etwas verändern zu wollen, damit ihre Kinder nicht wieder dasselbe erleben müssten. Ihnen war bewusst, dass dieser Kreislauf der Gewalt nur aufhören würde, wenn sie sich politisch organisierten und Gehör verschafften.[19]

Den Höhepunkt seines Aktivismus erlebte das CRC 1979. In der ersten Jahreshälfte wurden in Boston in der mehrheitlich Schwarzen Nachbarschaft Roxbury elf Schwarze Frauen und eine *weiße* Frau ermordet. Viele der Opfer wurden zudem missbraucht. In den Ermittlungen und der Berichterstattung wurden keine Zusammenhänge zwischen den Morden und der *race* der Opfer hergestellt, was für Wut und Fassungslosigkeit bei den CRC-Aktivistinnen sorgte. Die Inhalte der ausnahmslos männlichen Redebeiträge auf den Protest- und Trauermärschen, denen sich 1500 Menschen anschlossen, machen deutlich, dass die männlichen Schwarzen Aktivisten die intersektionale Dimension der Morde nicht verstanden. Sie betonten in Reden, wie wichtig es nun wäre, dass Schwarze Frauen zu ihrer eigenen Sicherheit zu Hause bleiben und nur in männlicher Begleitung das Haus verlassen sollten. Diese Tipps schützen die Frauen keineswegs – schon damals war bekannt, dass sexualisierte Gewalt in den meisten Fällen von Männern aus dem näheren Umfeld der Opfer ausgeht. Dass sich nicht jede Frau, besonders keine lesbische Frau, von Männern als vermeintliche Beschützer abhängig machen will, kam ihnen nicht in den Sinn.

Laut Smith war es für die Aktivistinnen des CRC eine Zeit voller Unsicherheit. Weder auf der Straße waren sie sicher, noch wurden sie in der eigenen Community verstanden. Deshalb suchte das CRC nach eigenen Strategien des Schutzes und Empowerments. Die Aktivistinnen erstellten u.a. ein Faltblatt mit Selbstverteidigungstipps und bildeten neue und stärkere Koalitionen zum Umgang mit sexualisierter Gewalt mit diversen Gruppen wie lokalen Kirchgemeinden und der *weißen* feministischen Bewegung.

Der 1977 kollektiv veröffentlichte Text „Combahee River Collective Statement“[20] stellt nach Taylor nicht nur eines der wichtigsten Werke aus der Schwarzen feministischen Bewegung dar, sondern ist dank seiner Klarheit und Rigorosität auch ein bedeutsamer Text für die revolutionäre Linke in den USA. Die Mitglieder des CRC verstanden sich als Sozialistinnen und bezogen sich direkt auf Karl Marx. Sie dachten seine Theorien in Bezug auf ihre Bedürfnisse als unterdrückte Gruppe weiter.[21] Für Frazier war die wirtschaftliche Unabhängigkeit sehr eng mit der Befreiung verbunden:

> “Back feminism is (...) Black women’s right to look at their material conditions, analyze it, interrogate it, and come away with an analysis that’s about empowerment.”[22]

Für das CRC war klar, dass die Revolution gleichermaßen eine feministische, antirassistische und sozialistische sein müsse.[23] Heute ist das Kollektiv hauptsächlich für das erstmalige Benennen des Begriffs Identitätspolitik bekannt, welcher in aktuellen Debatten wieder häufig vorkommt. Der Begriff tauchte erstmals in ihrem Statement auf, wird dort jedoch nicht genauer definiert. Stattdessen wird beschrieben, welche Stärke in der Rückbesinnung auf die eigene Positionalität und im Kampf für ihre Rechte liegt. Das CRC positioniert sich gleichzeitig gegen eine Sonderbehandlung von Schwarzen Frauen:

> “We reject pedestals, queenhood, and walking ten paces behind. To be recognized as human, levelly human, is enough.”[24]

In den letzten Jahren wurde der Begriff Identitätspolitik oft kritisiert, da er Spaltung produzieren würde. Im Ursprung im CRC geht es jedoch genau um das Gegenteil, und zwar darum, Identitätspolitik als vereinende Kraft und Grundlage für Koalitionen zu verstehen.[25] Taylor beschreibt, dass es beim Bilden von Allianzen nicht das Ziel sei, die eigenen Interessen zurückzustecken, um anderen zu helfen. Vielmehr gehe es darum, durch einen gemeinsamen Diskurs zu verstehen, wie verwandt die Anliegen und Kämpfe trotz der Identitätsunterschiede seien und wie sie alle vom Kapitalismus bedingt würden.[26] Außerdem betont Smith, dass sie die Ersten gewesen sind, die Homophobie und die lesbische Perspektive in die Debatten eingebracht haben.[27] Identitätspolitik ist also auch ein inhärent queerer Begriff.

Wieso genau sich das Kollektiv 1980 aufgelöst hat, bleibt unklar. Einige ehemalige Mitglieder berichten von Frustration, weil die Hierarchie-Unterschiede in der Praxis doch größer gewesen wären, als in der Theorie gewünscht und abgebildet. Andere sprachen von gescheiterten Liebesbeziehungen innerhalb der Gruppe und dass der daraus resultierende Herzschmerz manche Mitglieder davon abhielt, weiterhin an den Retreats teilzunehmen. Außerdem bremste die politische Lage und steigende Prekarität in den 1980ern das Engagement aus. Viele der ehemaligen Mitglieder zogen weiter und verteilten sich an andere Orte. Einige von ihnen setzten ihren Aktivismus an Universitäten als Lehrende und Forschende fort.[28]

Nichtsdestotrotz hat das Combahee River Collective ein wichtiges und radikales Erbe hinterlassen. Das CRC hat vorgelebt, wie Intersektionalität sowohl im Aktivismus funktioniert, als auch in der Wissensproduktion. Sie haben mit ihren Retreats gezeigt, wie *Safer Spaces*[29] und Selbstfürsorge in einer antirassistischen, feministischen, sozialistischen, aktivistischen Gruppe aussehen können.

1.2
Kimberlé Crenshaw und der Intersektionalitätsbegriff

> „Intersektionalität ist eine Linse, die erlaubt, zu sehen woher Macht kommt und auf wen oder was sie prallt, wo es Verknüpfungen und wo es Blockaden gibt. Es gibt nicht einfach ein Rassismus-Problem hier und ein Gender-Problem dort, und ein Klassen- oder LBGTQ-Problem woanders. Häufig löscht das dominante Framing aus, was Menschen wirklich passiert.“[30]

Kimberlé Williams Crenshaw veröffentlichte den Aufsatz *“Demarginalizing the Intersection of Race and Sex”*[31] 1989 im The University of Chicago Legal Forum. Sie war damals gerade Juraprofessorin geworden und wollte den Diskurs um feministischen und antirassistischen Aktivismus und Antidiskriminierungsrecht vereinfachen und veranschaulichen.[32] Crenshaw nimmt in ihrer Analyse die Diskriminierungserfahrungen Schwarzer Frauen zum Ausgangspunkt, um die Leerstellen in den zeitgenössischen Diskriminierungs-Konzepten aufzuzeigen. Nach Crenshaw lag der Fokus in Fällen rassistischer Diskriminierung bisher auf wohlhabenden Schwarzen Männern, die auf der Klassen- und Gender-Ebene privilegiert sind. In Fällen der sexistischen Diskriminierung lag er auf wohlhabenden *weißen* Frauen.[33]

Sowohl dem Aktivismus als auch der Rechtsprechung liegt demnach folgendes Missverständnis zu Grunde: Eine diskriminierende Person oder Institution handele allen Menschen einer *race* oder eines Geschlechts gegenüber gleich. Mit anderen Worten: Es besteht die fatale Annahme, dass alle Frauen gleich behandelt und gleichermaßen von sexistischer Diskriminierung betroffen sind, egal ob es sich um eine *weiße*, wohlhabende Frau, eine Schwarze Frau, eine behinderte Frau oder eine trans Frau handelt. Nach dieser Definition werden diskriminierte Gruppen als homogen verstanden und gleich gemacht. Dieses Problem fasst der Titel des 1982 im CRC-Umfeld entstandenen Buches *"All the Women Are White, All the Blacks Are Men, But Some of Us Are Brave"*[34] prägnant zusammen, welches Crenshaw am Anfang ihres Textes zitiert.

Die juristische Dimension

1964 trat in den USA der Civil Rights Act in Kraft, der die Rassentrennung formal beendete. Der Civil Rights Act untersagte auch privaten Arbeitgeber*innen Diskriminierung aufgrund von *race*, Hautfarbe, Religion, Geschlecht oder nationaler Herkunft. Dadurch verbesserte sich die Arbeitsmarkt-Situation Schwarzer Frauen zwar, sie waren jedoch immer noch überproportional oft von der Strategie "last hired, first fired"[35] betroffen. Vor Gericht fanden sie dennoch oft kein Gehör. Wie sich die Unsichtbarmachung und Marginalisierung Schwarzer Frauen juristisch auswirkt, beweist und erklärt Crenshaw anhand von drei Sammelklagen,[36] die von afroamerikanischen Frauen eingereicht wurden und die je auf unterschiedliche Art am Unverständnis gegenüber Mehrfachdiskriminierungen scheiterten.[37] Die Diskriminierung Schwarzer Frauen fiel so durch das juristische Raster. Außerdem verhinderte die isolierte Betrachtung von Diskriminierung, dass sich Arbeitnehmer*innen privilegienübergreifend solidarisieren *(bottom-up)* und so wirkungsvoll das gesamte Beschäftigungssystem in Frage stellen konnten:

> "If such 'bottom-up' intersectional representation were routinely permitted, employees might accept the possibilities that there is more to gain by collectively challenging the hierarchy rather than by each discriminatee individually seeking to protect her source of privilege within the hierarchy."[38]

Das führt wiederum dazu, dass Schwarze Arbeitnehmerinnen isoliert werden und sich genötigt sehen, allein für sich einzustehen.[39] Dieser Kollektivgedanke ist besonders relevant in Bezug auf die Visionskraft, die Intersektionalität auch heute bietet.

Im Fall DeGraffenreid vs. General Motors erhoben fünf Schwarze Frauen (unter ihnen Emma DeGraffenreid) Anklage gegen den Autohersteller General Motors (GM), da der Konzern seine Belegschaft nach *race* und Geschlecht unterteilte. Bei GM wurden Schwarze Männer für die Fabrikarbeit eingestellt und *weiße* Frauen als Sekretärinnen. Schwarze Frauen waren bis 1964 überhaupt nicht bei GM beschäftigt. Auch danach blieb ihre Lage prekär: So verloren alle Schwarzen Frauen, die dort nach 1970 angestellt wurden, gleichzeitig ihre Jobs im Zuge einer senioritätsbasierten Entlassungswelle. Das Gericht lehnte die darauf folgende Anzeige von DeGraffenreid und ihren Mitstreiterinnen trotz umfassender Beweise ab, mit der Begründung, dass sich juristisch gesehen und auf den Civil Rights Act bezogen bei einer Mehrfachdiskriminierung keine eigene diskriminierte Gruppe ergebe. Da weiterhin *weiße* Frauen und Schwarze Männer bei GM beschäftigt waren, gebe es weder gegen Frauen noch gegen Schwarze Menschen Diskriminierung. So kam das Gericht zu der fragwürdigen Schlussfolgerung, dass Schwarze Frauen nicht als Schwarze Frauen diskriminiert werden könnten.[40]

Die zweite und dritte Sammelklage machen die Komplexität der Diskriminierung und Repräsentation noch deutlicher. Einmal wird es einer Schwarzen Frau verwehrt, auch ihre *weißen* Kolleginnen zu repräsentieren[41], das andere Mal dürfen Schwarze Frauen Schwarze Männer nicht vertreten.[42] In allen drei Fällen argumentieren die Gerichte unterschiedlich. So ergibt sich in der Summe ein widersprüchliches Bild, welches Crenshaw folgendermaßen beschreibt:

> "It seems that I have to say that Black women are the same and harmed by being treated differently, or that they are different and harmed by being treated the same. But I cannot say both. (…) The point is that Black women can experience discrimination in any number of ways and that the contradiction arises from our assumptions that their claims of exclusion must be unidirectional."[43]

Von dieser Beobachtung leitet Crenshaw das namensgebende Sprachbild der Straßenkreuzung ab.

Die Straßenkreuzungs-Metapher

Eine der vielen Stärken des Intersektionalitätsbegriffs ist seine Anschaulichkeit. Crenshaw führt das Sprachbild der Straßenkreuzung (engl.: intersection) als Gegenargument dazu ein, dass die Bedürfnisse Schwarzer Frauen eindimensional seien. An einer vierseitigen Straßenkreuzung kommt Verkehr aus allen vier Richtungen. So kann auch Diskriminierung von einer in die andere Richtung fließen. Sobald an der Kreuzung ein Unfall passiert, kann dieser von nur einer Spur, mehreren oder allen gleichzeitig verursacht werden. So stellen sich auch die Diskriminierungserfahrungen Schwarzer Frauen dar: Es ist oft ein komplexer Prozess, herauszufinden, ob die Diskriminierung auf Grund ihres Genders oder *race* oder der Kombination verursacht wurde.

Gleichzeitig ist es nach Crenshaw nicht unbedingt notwendig, den Verursacher des Unfalls sofort zuordnen zu können, da, in der Metapher gesprochen, erst einmal die Verletzungen bzw. Folgen des Unfalls versorgt werden müssen. Die Schwierigkeit, einen Unfall zu rekonstruieren, würde oft dazu führen, dass am Ende alle Beteiligten einfach davonpreschen, ohne dass jemand zur Verantwortung gezogen oder ärztlich behandelt wird. Die Fahrlässigkeit der Gerichte, Schwarze Frauen in der Rechtsprechung im Stich zu lassen, setzt Crenshaw mit einem Arzt gleich, der nur bereit ist, eine Unfallpatientin zu behandeln, wenn die Verletzte versichert ist.[44]

Crenshaw erläutert auf das Sprachbild folgend, welche Formen von Diskriminierung Schwarze Frauen genau erleben können. Sie nennt hierbei vier Formen von Diskriminierung: Die Gender-Diskriminierung, die *weiße* Frauen auch erleben können, *race*-Diskriminierung, die auch Schwarze Männer erleben können. Als drittes folgt die Sonderform, in der sich beide Diskriminierungen addieren und zu einer doppelten Diskriminierung führen. Als viertes existiert die spezifisch intersektionale Form der Diskriminierung, die nur Schwarze Frauen trifft und welche in dem Fall DeGraffenreid vs. General Motors sichtbar geworden ist.[45] So entsteht eine *besondere Verwundbarkeit*[46], die weit mehr ist, als die Addition einzelner Diskriminierungen.

Die aktivistische Dimension

Auch im antirassistischen und feministischen Aktivismus gingen die spezifischen Erfahrungen Schwarzer Frauen im Narrativ der vermeintlichen Kollektiverfahrung von Diskriminierung unter. Laut Crenshaw werden sie als *"too much like women or Blacks"*[47] oder als *"too different"* verstanden und dadurch an den Rand der feministischen und antirassistischen Agenden gedrängt.[48] So werden beispielsweise die Erfahrungen *weißer* Frauen selbstverständlich auf die Erfahrungen aller Frauen übertragen, nicht jedoch die Erfahrungen von Frauen of Color.[49] Dieses Für-eine-ganze-Gruppe-sprechen bezeichnet Crenshaw als autoritäre und vermeintlich universelle Stimme. Dabei verschleiert die Stimme ihre Subjektivität. Das betrifft neben *weißen* Männern auch auf privilegierte, *weiße* Frauen, da diese bis auf ihr Gender ihre anderen Identitätskategorien teilen.[50] *Weiße* Frauen sprechen im Namen von „allen Frauen"[51] und reflektieren nicht, wie ihr *Weißsein* ihre Diskriminierungserfahrungen abmildert und sie selbst von ihrer Dominanz gegenüber Frauen of Color profitieren. Die Theorie dieses *weißen* Feminismus bediene sich nach Crenshaw noch dazu häufig an der Geschichte Schwarzer Frauen und reiße dabei auch Dinge aus dem Kontext, beispielsweise Sojourner Truths vielzitierten Satz *"Ain't I a Woman"* (1851) und ihre Errungenschaften.[52]

Weiße Feministinnen fürchteten damals, dass sich der Diskurs durch die Betrachtung der spezifischen Erfahrungen Schwarzer Frauen von der Emanzipation der Frau hin zu Rassismus verschieben würde und sahen die Untrennbarkeit der beiden Themen nicht.

> "Not only are women of color in fact overlooked, but their exclusion is reinforced when *white* women speak for and as women."[53]

Kimberlé Crenshaw fordert ein Loslösen der aktivistischen Gruppen von ihrem normativen Diskriminierungsverständnis. Außerdem ein umfassendes Neudenken und Umgestalten von feministischer Theorie und antirassistischem Aktivismus, das die Anliegen Schwarzer Frauen zentriert und nicht nur nachträglich addiert.[54] Wenn dieser Perspektivwechsel glücke, würden auch Einfach-Diskriminierte profitieren.[55] Nur so könne ein Ende von Rassismus und Patriarchat gelingen.[56] Crenshaws Aufsatz endet mit dem machtvollen Satz:

> "When they enter, we all enter."[57]

1.3 Patricia Hill Collins und die Matrix of Domination

> "The overarching matrix of domination houses multiple groups, each with varying experiences with penalty and privilege that produce corresponding partial perspectives, situated knowledges[58], and, for clearly identifiable subordinate groups, subjugated knowledges.[59] No one group has a clear angle of vision. No one group possesses the theory or methodology that allows it to discover the absolute 'truth' or, worse yet, proclaim its theories and methodologies as the universal norm evaluating other groups' experiences."[60]

Die afroamerikanische Soziologin Patricia Hill Collins fügte 1990 dem Diskurs ein weiteres Analysekonzept hinzu. Ihr Buch "Black Feminist Thought – Knowledge, Consciousness, and the Politics of Empowerment"[61] ist zu einem Standardwerk des Schwarzen Feminismus' geworden, das Erfahrungswissen und soziologische Theorie verbindet. Collins erklärt mit dem Konzept der Matrix of Domination die Verflechtung von Privilegien und Unterdrückungsmechanismen. Das Konzept ist heute weniger populär als Crenshaws Intersektionalitätskonzept, es ist jedoch eine wichtige Ergänzung und Vertiefung dessen, da es die Differenzkategorien besonders anschaulich darstellt. Jacquie Shaw hebt hervor, dass die Matrix insbesondere Designer*innen und visuell denkenden Menschen hilft, Unterdrückungsmechanismen zu verstehen.[62]

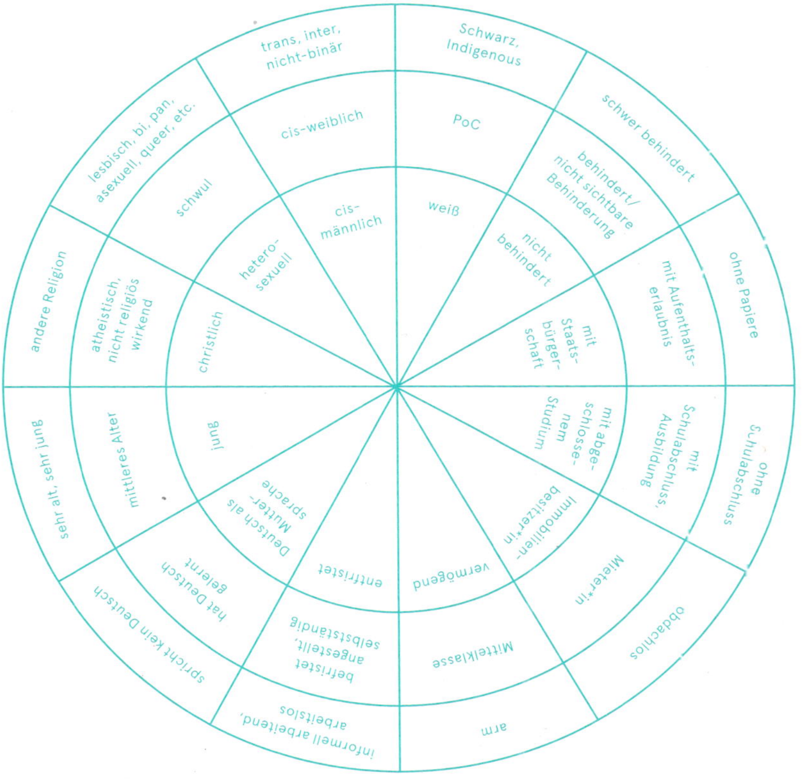

Abbildung 2:
Eine für diesen Kontext angepasste Version der Matrix of Domination-Grafik, die um weitere Bereiche erweiterbar ist.

Jede Achse des Diagramms stellt eine Kategorie von Diskriminierung dar. Dabei sind die Kategorien gesellschaftlich konstruiert und unterscheiden die Norm (z.B. Heterosexualität) von der *Abweichung* (z.B. Queerness), die gesellschaftlich sanktioniert wird.

Die afrodeutschen Soziologin und Kommunikationswissenschaftlerin Natasha A. Kelly betont, dass die Differenzen erst durch Diskriminierung geschaffen werden.[63]

Die Identität eines Menschen ist aus mehreren Differenzkategorien aufgebaut und in dem Raum zwischen den Kategorien entsteht eine *Differenzlinie*. Dieser Begriff hilft, die Gruppenzuschreibungen sichtbar und debattierbar zu machen.[64] Die Achsen sind als Spektren zu lesen und betonen so die Grauwerte der Positionierungen. Sie zeigt, dass eine jede Person unterschiedliche Erfahrungen von Privilegien und Marginalisierung in sich vereint.[65] So können Personen gleichzeitig diskriminiert werden und diskriminieren. Durch die Vielschichtigkeit der abgebildeten, erweiterbaren Differenzkategorien ergibt sich eine situierte partiale Perspektive.

2015 analysierte Patricia Hill Collins im Sinne der Matrix außerdem das Konzept Intersektionalität auf drei Ebenen[66]: Die erste Ebene stellt Intersektionalität als Forschungsfeld dar, welches selbst in den Machtstrukturen, die es erforscht, verortet ist. Die zweite Ebene versteht Intersektionalität als analytischen Blickwinkel, um soziale Phänomene zu analysieren. Die dritte Ebene begreift Intersektionalität als kritische Praxis, die Social-Justice-Projekte unterstützt.

1 Kimberlé Crenshaw, *Demarginalizing the Intersection of Race and Sex*, 1989, 151.

2 Fatima El-Tayeb, *Rassistischer Kapitalismus: Hierarchien der Zugehörigkeit*, in: Gunda-Werner-Institut, Heinrich-Böll-Stiftung, Center for Intersectional Justice (Hg.), „Reach Everyone on the Planet...", Kimberlé Crenshaw und die Intersektionalität, Texte von und für Kimberlé Crenshaw, 2019, 37-38.

3 Die Abolitionistin und Wanderpredigerin Sojourner Truth wurde 1797 in Sklaverei geboren. Zwanzig Jahre nach ihrer Auslösung 1826 wurde sie nach einer christlichen Eingebung Wanderpredigerin und setzte sich für das Ende der Sklaverei und das Wahlrecht von Frauen und Schwarzen Menschen ein. Sie wurde für ihre ergreifenden Reden, insbesondere ihre Rede *"And ain't I a woman?! (Und bin ich denn keine Frau?)"* von 1851, in der sie *weiße* Frauenrechtlerinnen auffordert, sich auch für die Rechte Schwarzer Frauen einzusetzen, sehr bekannt.

4 Die Aktivistin, Soziologin und Autorin Anna J. Cooper wurde 1858 in Sklaverei geboren. Sie bildete sich selbstständig weiter bis hin zur Promotion an der Sorbonne. Cooper wird heute als „Mutter des Schwarzen Feminismus" bezeichnet. In ihrem Buch "A Voice from the South: By a Black Woman of the South", 1892 erschienen, spricht sie sich für Bildungsangebote für Schwarze Frauen aus und argumentiert, dass die Gesamtheit der Schwarzen US-Amerikaner*innen hiervon profitieren würde.

5 Patricia Hill Collins, *Intersectionality's Definitional Dilemmas*, in: Annual Review of Sociology, 2015. 41, 1-20, 9, www.annualreviews.org/doi/10.1146/annurev-soc-073014-112142, [zuletzt 15.01.2021].

6 Ebd., 9.

7 Duchess Harris, *"All of Who I am in the Same Place": The Combahee River Collective*, web.archive.org/web/20080315192601/http://www.uga.edu/~womanist/harris3.1.htm, Archivquelle von März 2008, [zuletzt 15.03.2023].

8 Da Barbara Smith 1994 ausführlich von der Wissenschaftlerin und Aktivistin Duchess Harris interviewt wurde, sind ausführliche und persönliche Perspektiven auf das Kollektiv vorhanden und der Fokus liegt hier auf Smiths Perspektive.

9 Duchess Harris, *"All of Who I am in the Same Place": The Combahee River Collective*, 2008.

10 Combahee River Collective, *A Black Feminist Statement*, 1977, über: https://careprogram.ucla.edu/education/readings/Combahee1977, [zuletzt 15.02.2023].

11 Ted Landsmark ist heute emeritierter Professor und Aktivist und nach wie vor in Boston und national aktiv.

12 Wegen dieser Brutalität wird das Bild hier nicht abgebildet. Jack Encarnacao, *History's lesson – Ted Landsmark looks back at chilling moment in busing crises*, veröffentlicht am 21.03.2016, aktualisiert am 5.02.2019, https://www.bostonherald.com/2016/03/21/historys-lesson-ted-landsmark-looks-back-at-chilling-moment-in-busing-crises/ [zuletzt 15.02.2023].

13 Vgl.: Anke Ortlepp, *Getrennte Klassenzimmer*, veröffentlicht am 12.11.2021, Bundeszentrale für Politische Bildung, https://www.bpb.de/themen/nordamerika/usa/343377/getrennte-klassenzimmer, [zuletzt 15.02.2023].

14 Duchess Harris, *"All of Who I am in the Same Place": The Combahee River Collective*, 2008.

15 Taylor, Keeanga-Yamahtta, *How We Get Free: Black Feminism and the Combahee River Collective*, 2017, 1–14.

16 Duchess Harris, *"All of Who I am in the Same Place": The Combahee River Collective*, eigene Übersetzung, *2008*.

17 Vgl.: Der *Killjoy* Begriff bei Sara Ahmed, z.B. in: Sara Ahmed, *Feministisch leben! Manifest für Spaßverderberinnen*, 2017.

18 Combahee River Collective, *A Black Feminist Statement,* 1977.

19 Ebd.

20 Ebd.

21 Keeanga-Yamahtta Taylor, *How We Get Free: Black Feminism and the Combahee River Collective,* 2017, 1–14.

22 Duchess Harris, *"All of Who I am in the Same Place": The Combahee River Collective,* 2008.

23 Combahee River Collective: *A Black Feminist Statement,* 1977.

24 Ebd.

25 Keeanga-Yamahtta Taylor, *How We Get Free: Black Feminism and the Combahee River Collective,* 2017, 1–14.

26 Ebd.

27 Duchess Harris: *"All of Who I am in the Same Place": The Combahee River Collective,* 2008.

28 Ebd.

29 An dieser Stelle soll das revolutionäre Potential von Safer Spaces betont werden, da deren Existenz, insbesondere durch das extreme Ansteigen von trans- und queerfeindlichen Übergriffen in den letzten Jahren, wieder äußerst wichtig ist.

30 Kimberlé Crenshaw, *Warum Intersektionalität nicht warten kann,* in: Gunda-Werner-Institut, u.a. (Hg.), Reach Everyone on the Planet..., 2019, Artikel erstveröffentlicht 2015, 12.

31 Kimberlé Crenshaw, *Demarginalizing the Intersection of Race and Sex: A Black Feminist Critique of Antidiscrimination Doctrine, Feminist Theory and Antiracist Politics,* in: University of Chicago Legal Forum, Vol. 1989, Article 8, Chicago 1989.

32 Julia Phillips, *Can We Get a Witness?,* in: Gunda-Werner-Institut, u.a. (Hg.), Reach Everyone on the Planet..., 2019, 77.

33 Kimberlé Crenshaw, *Demarginalizing the Intersection of Race and Sex: A Black Feminist Critique of Antidiscrimination Doctrine, Feminist Theory and Antiracist Politics,* 1989, 140.

34 Akasha Gloria Hull, Patricia Bell-Scott und Barbara Smith (Hg.), *All the Women Are White, All the Blacks Are Men, But Some of Us Are Brave,* 1982.

35 Maisha-Maureen Auma, *Kimberlé Crenshaws Einfluss auf mein gerechtigkeitsstrategisches Denken,* in: Gunda-Werner-Institut, u.a. (Hg.), Reach Everyone on the Planet..., 2019, 25.

36 In Deutschland gibt es das Sammelklagen-Prinzip nicht, in den USA ist es jedoch ein verbreitetes Prinzip, indem sich mehrere Kläger*innen zusammenschließen und gemeinsam klagen, oft gegen große Konzerne.

37 Ines Kappert und Emilia Roig, *Vorwort und Einleitung,* in: Gunda-Werner-Institut, u.a. (Hg.), Reach Everyone on the Planet ..., 2019, 10.

38 Kimberlé Crenshaw, *Demarginalizing the Intersection of Race and Sex,* 1989, 145.

39 Ebd.

40 Maisha-Maureen Auma, *Kimberlé Crenshaws Einfluss auf mein gerechtigkeitsstrategisches Denken,* 2019, 25.

41 Kimberlé Crenshaw, *Demarginalizing the Intersection of Race and Sex,* 1989, 143-145.

42 Ebd., 148.

43 Ebd., 147-48

44 Ebd., 149.

45 Ebd.

46 Kimberlé Crenshaw, *Warum Intersektionalität nicht warten kann,* 2019, 15.

47 Das 'Blacks' bezieht sich in diesem Fall auf Schwarze Männer. Ebd., 150.

48 Kimberlé Crenshaw, *Demarginalizing the Intersection of Race and Sex,* 1989, 150-51

49 Ebd., 154.

50 Ebd.

51 An dieser Stelle könnten Parallelen gezogen werden zur *BlackLivesMatter*-Bewegung, in der die "All Lives Matter"-Kampagne gezielt als Verschiebung des Dialogs und Strategie angewendet wurde, um die Bewegung zu schwächen.

52 Kimberlé Crenshaw, *Demarginalizing the Intersection of Race and Sex*, 1989, 151.

53 Ebd.

54 In diesem Punkt ähnelt ihre Forderung dem Objektivitätsbegriff von Donna Haraway, für die der neue Objektivitätsbegriff *„den Standpunkt der Unterworfenen"* einnehmen muss und *„eine Perspektive aus der Position der weniger Mächtigen"* darstellt.
Haraway schreibt außerdem: *„Unterworfene Standpunkte werden bevorzugt, weil sie angemessenere, nachhaltigere, objektivere, transformierendere Darstellungen der Welt zu versprechen scheinen"*. In: Donna Haraway, *Situiertes Wissen*, 1995, 83-84.

55 Kimberlé Crenshaw, *Demarginalizing the Intersection of Race and Sex*, 1989, 151.

56 Ebd., 152.

57 Ebd., 167.

58 Vgl. Donna Haraway, *Situiertes Wissen*, 1995.

59 Vgl. Michel Foucault, *Two lectures*, in: C. Gordon (Hg.), Michel Foucault power/knowledge: Selected interviews and other writings 1972-1977, 1980.

60 Patricia Hill Collins, *Black Feminist Thought: Knowledge, Consciousness, and the Politics of Empowerment*, 2002, 234.

61 Patricia Hill Collins, *Black Feminist Thought: Knowledge, Consciousness, and the Politics of Empowerment*, 2002.

62 Jacqueline Shaw, *Towards an Intersectional Praxis in Design*, 2019, 10.

63 Natasha A. Kelly, *HÄ? Was heißt denn Intersektionalität?*, in: Missy Magazine, 29.05.17, https://missy-magazine.de/blog/2017/05/29/hae-was-heisst-denn-intersektionalitaet/ [zuletzt 11.01.2021].

64 https://www.idaev.de/recherchetools/glossar, Begriff 'Differenzlinie', [zuletzt 23.04.2023].

65 Sasha Costanza-Chock, *Introcuction: #TravelingWhileTrans, Design Justice, and Escape from the Matrix of Domination*, 2020.

66 Patricia Hill Collins, *Intersectionality's Definitional Dilemmas*, 2015.

2.
ZWISCHEN ZENSUR UND PROTESTEN: DIE AKTUALITÄT VON INTERSEKTIONALITÄT

2.1 "What the Fuck is intersectionality?"[1]

> „Diversität kann mehr sein, als nur die Geste politischer Korrektheit. Ich denke, sie kann aufrichtiger Versuch strukturellen Wandels sein. Und je mehr die intersektionale Diversität zunimmt, desto größer ist die Chance, dass alle Pfeiler der Struktur, des Hauses, der Institution gründlich und kollektiv destabilisiert werden, überarbeitet und neu errichtet. Genau das muss wieder und wieder passieren."[2]

2019 gab das Gunda-Werner-Institut die Publikation „'Reach Everyone on the Planet ...': Kimberlé Crenshaw und die Intersektionalität"[3] heraus, die viele Facetten von gelebter Intersektionalität in Form von Essays unterschiedlicher Künstler*innen, Autor*innen und Pädagog*innen sichtbar macht. Intersektionalität hat als politische Theorie unzählige andere Fächer inspiriert und neue Forschungsfelder initiiert und nimmt sowohl in den Genderstudies als auch in der Critical *Race* Theory einen unersetzbaren Platz ein. Wie viele verwandte Konzepte und Begriffe, z.B. Diversität, wurde und wird Intersektionalität neoliberal vereinnahmt und auf einen oberflächlichen Diskurs reduziert.[4]

Zwischenzeitlich hatte Intersektionalität an Bedeutung verloren. Nach Jin Haritaworn, Professor für Gender, Race and Environment in Toronto, ist das Konzept um die Jahrtausendwende zurückgedrängt worden, insbesondere im *weißen* feministischen Diskurs, der vom

Poststrukturalismus und Postmodernismus geprägt war.[5] Durch *weiße* Queer-Theoretiker*innen wie Judith Butler, „die Konzepte wie Intersektionalität und Positionalität als überholt, essentialistisch, statisch, binär und identitär diskreditierten",[6] verschwand Intersektionalität von der Oberfläche. Natasha A. Kelly beschreibt hingegen Intersektionalität als Möglichkeit, Identität als vielschichtiges Konstrukt zu begreifen:

> „Im Gegensatz zur Queer Theory, die Identitätskategorien an sich infrage stellt, funktioniert die Intersektionalitätstheorie wie ein Prisma, durch das die einzelnen Kategorien und ihre Verbundenheit miteinander betrachtet werden können."[7]

Prisma und Lupe deuten als Werkzeuge, die man aktiv wählt, einen Handlungs-Fokus an. Intersektionalität wird als Analyse-Tool verstanden, welches jedoch nicht in der Theorie verharrt, sondern auch in der Lebenspraxis Handlungsräume eröffnet, wie von der afrodeutschen Historikerin, Drehbuchautorin und Professorin Fatima El-Tayeb beschrieben.

> „Intersektionalität ist für mich die mit Abstand wichtigste Form praktischer Theorie und theoriebildender Praxis. Sie ist deskriptiv, weil sie meine eigenen Lebenserfahrungen für mich deutbar macht, und sie ist präskriptiv, indem sie mir Richtschnüre an die Hand gibt für wissenschaftliche Arbeit, Aktivismus und persönliche Beziehungen. In allen drei Bereichen geht es letztendlich darum, Unterschiede als Quelle von Möglichkeiten und nicht von Angst zu begreifen."[8]

Nach El-Tayeb ist das Ziel hierbei keine Spaltung, sondern ein gemeinsames Kreieren anderer, gerechter und besserer Lebenswelten, von denen schlussendlich alle profitieren. Dieses Welt-Verändern bezeichnet Crenshaw als "restructuring and remaking the world."[9]

Die Autorin, Professorin und intersektionale Aktivistin bell hooks war erst einmal nicht begeistert vom Begriff Intersektionalität und rief aus "What the fuck is intersectionality?"[10]. Der Begriff gibt ihrer Meinung nach den Zusammenhängen eine politische Neutralität, und nimmt ihnen so die angemessene Schwere. Ohne eine konstruktive Beschäftigung mit den Unterschieden und ein Zentrieren marginalisierter Perspektiven kann es auch kein Ende des imperialistischen, unter *weißer* Vorherrschaft stehenden, kapitalistischen Patriarchats geben, wie es hooks zu formulieren pflegte.[11]

An dieser Stelle sollen zwei Potentiale von Intersektionalität vertieft werden: zum einen, Selbstermächtigung zu schaffen, indem Menschen befähigt werden, die Autor*innenschaft zu übernehmen; zum anderen das Vermittlungspotential von Intersektionalität und die daraus entstehende Empathie. Das Selbstermächtigungspotential bezieht sich auf Menschen, die von Diskriminierung betroffen sind. Das Vermittlungspotential entsteht zwischen direkt Betroffenen und nicht direkt Betroffenen und Menschen, die von Diskriminierung (unbewusst) profitieren.[12]

Das Selbstermächtungspotential erklärt hooks anhand ihrer persönlichen Erfahrungen: Basierend auf ihren eigenen traumatischen Erlebnissen, wie ihrer von Gewalt geprägten Kindheit und dem Wiederholen dieser ersten Gewalterfahrungen in späteren gewaltvollen Beziehungen, hebt sie die Notwendigkeit hervor, sich aus den Spiralen der Unterdrückung zu befreien: "(...) domination is not static".[13] Um sich aus diesen Spiralen zu lösen, in denen viele von häuslicher Gewalt Betroffene wiederholt feststecken, braucht es ein umfassendes Verständnis der ineinandergreifenden Machtstrukturen. Dafür spielt das Intersektionalitäts-Konzept eine wichtige Rolle, da es auf die Verstrickungen von verschiedenen Unterdrückungen verweist. Nach bell hooks kann man sich mit dieser Realisation aus der andernfalls wiederkehrenden Opferrolle befreien, und die Autor*innenschaft für das eigene Leben übernehmen. Da es so möglich wird, die Geschichte nicht nur mit Fokus darauf zu erzählen, was einem Traumatisches passiert ist, sondern auch zu erzählen, wie man sie sich stattdessen gewünscht hätte. Die Serie "Transparent" von Joey Soloway, Drehbuchautor*in und Regisseur*in, ist nach hooks und Soloway ein Beispiel für dieses aktive *Rewriting* des eigenen Lebens, welches insbesondere in queeren, trans- und BIPoC-Kulturen essentiell ist.[14]

Julia Phillips, afrodeutsche Bildhauerin und bildende Künstlerin, die in Chicago und Berlin lebt, beschreibt in ihrem Essay "Can We Get a Witness?"[15] die grundsätzliche Inklusivität von Intersektionalität und legt dar, welche Handlungsräume Intersektionalität als Werkzeug eröffnet: Für die von mehrdimensionaler Diskriminierung Betroffenen selbst ist Intersektionalität ein Tool, um von Außenstehenden in ihren Kämpfen verstanden zu werden. Für die Außenstehenden und potentiell Dominierenden eröffnen sich Zugänge und sie können über das Zuhören und Verstehen Empathie entwickeln.

> „Empathie mit Erfahrungen, die nicht unsere eigenen sind, ist ein menschlicher Wert, auf dem politische Haltungen wie Solidarität aufbauen, und damit hoch produktiv."[16]

Phillips weitet die Potentiale von intersektionaler Diversität auch auf das Einreißen und Neu-Errichten von diskriminierenden Strukturen und Institutionen aus. Dabei spielt sie auf Audre Lorde an, die 1984 schrieb, man könne mit den Werkzeugen der Dominierenden nur kurzfristige Erfolge gegen sie erzielen, jedoch keinen echten Wandel herbeiführen.[17] Die Idee eines Wandels sei nur für jene bedrohlich, die noch vom "Master", bzw. von Institutionen abhängig sind, da sie von ihnen versorgt, abgesichert und gefördert werden.[18]

Gleichzeitig beschreibt Lorde in ihrer 1982 zu Ehren von Malcom X gehaltenen Rede "Learning from the 60s"[19] wie die 60er Jahre für die antirassistische Bewegung sehr energiegelade, aber auch zerrüttete Zeiten waren. Sie benennt die Schwierigkeit, die verinnerlichten Machtdynamiken zu verlernen um sich vom inneren Unterdrücker zu befreien, als *Scars of Oppression*.[20]

> "In the 1960s, the awakened anger of the Black community was often expressed, not vertically against the corruption of power and true sources of control over our lives, but horizontally toward those closest to us who mirrored our own impotence. (...) When we disagreed with one another

> about the solution to a particular problem, we were often far more vicious to each other than to the originators of our common problem."[21]

Eine ähnliche Machtlosigkeit beobachte ich auch in der aktuellen feministischen Bewegung. Das Verharren in kleinteiligen innerfeministischen Konflikten resultiert in dem Verlorengehen der Transformationskraft der Wut, da diese an die falsche Adresse geleitet wird. Diese inneren Konflikte werden heute oft auf Identitätspolitik zurückgeführt, dabei wird in Lordes Text deutlich, dass schon früh ein Bewusstsein für dieses Problem herrschte. Die Gegenmaßnahme hierfür ist es nach Lorde, einander nicht mehr mit der Angst zu begegnen. Der Angst, selbst *zu* Schwarz, *zu* weiblich, etc. zu sein, sondern uns mit der Komplexität von Identität innerhalb der Bewegung anzufreunden:

> "By seeing who the *we* is, we learn to use our energies with greater precision against our enemies rather than against ourselves."[22]

2.2 A Travelling Concept: Intersektionalität in Deutschland

In Deutschland wird Intersektionalität nicht nur von rechts, sondern immer wieder auch von links kritisiert. So zum Beispiel im April 2021, mit der Bucherscheinung der ehemaligen Spitzenpolitikerin der Partei Die Linke, Sahra Wagenknecht.[23] Darin äußert sie sich verächtlich über die „immer skurriler werdenden Minderheiten",[24] denen sie unterstellt, sich zu Opfern machen zu wollen. Laut Wagenknecht habe die teilweise sehr akademische Intersektionalitätsdebatte kaum etwas mit den Bedürfnissen der Mehrheitsgesellschaft zu tun. Im Diskurs um Menschen, die trans sind, meint Wagenknecht etwa: „Die übergroße Mehrheit der Menschen sieht sich als Mann oder Frau und möchte sich dafür auch nicht entschuldigen".[25]

Spätestens an dieser Stelle wird deutlich, dass hier kein Verständnis von Intersektionalität in ihrem Ursprung vorliegt, da diese im Sinne des CRC sehr nah an Marxismus und Arbeiter*innen-Rechten liegt.[26] Wagenknecht nutzt Identitätspolitik hier als Provokation, und um sich Wähler*innen-Stimmen von rechts zu sichern. Dabei versucht sie, die Klassenprobleme, wie die von ihr zitierte neue Armut vieler Selbständiger durch die Pandemie auf der einen und rassistische und genderbasierte Diskriminierung auf der anderen Seite gegeneinander auszuspielen, indem sie die letzteren abwertet.[27]

Diese Argumentation ist insofern spannend, als dass sie folgendes Missverständnis sichtbar macht, dem viele Kritiker*innen der Theorie (bewusst) unterliegen: Es ist nicht Ziel von Intersektionalität, dass sich Menschen für ihre privilegierte Identität entschuldigen sollen. Die eigenen Privilegien zu realisieren, ist nur die erste Hälfte des Prozesses. Mindestens genauso wichtig ist jedoch die zweite, wie auch Jacquie Shaw im Interview erklärt.

Interview Jacquie Shaw

23.02.21
150 min
Teil 1 von 4

JS
And this is something I've been thinking about, when we position ourselves: We don't just bring with us the oppressed sides of ourselves, we bring the privileged sides of ourselves as well. And the way that privilege has been painted lately is bad. People are like: 'Oh, I'm privileged, so I'm not allowed to speak on this.' It's like: you're halfway there – you recognize that you're privileged. So then how does that privilege actually paint what you're about to say versus 'I'm not allowed to speak on this because I'm privileged'? It's those moments of quietness and of practicing coming to terms with your privilege, practicing what it means to show up with privilege, without privilege, as oppressed. And of all of those things existing in one complicated human.

Kimberlé Crenshaw bezeichnet das Intersektionalitäts-Konzept als *Travelling Concept*. Intersektionalität ist in einem spezifischen geopolitischen Kontext und historischen Moment entworfen worden, kann jedoch weit über diesen spezifischen Kontext hinaus wirken. Es darf hierbei jedoch keinesfalls den Bezug zu seinem Ursprung, der Lebensrealität Schwarzer Frauen, verlieren.[28] In seiner Etablierung in Europa habe Intersektionalität jedoch „einen Prozess der Depolitisierung und des Whitening durchgemacht."[29], wie die britische Jura- und Social Justice Professorin Iyiola Solanke beschreibt. Auf ihre anfängliche Freude über die Popularität des Intersektionalitätskonzepts in Europa folgte rasch eine Bestürzung. Solanke zufolge fehle in den von europäischen Wissenschaftler*innen verfassten Arbeiten oft die Rassismuskritik. In der „Oberflächlichkeit der europäischen Übertragung"[30] handelten die europäischen akademischen Diskurse zwar von Mehrfachdiskriminierung, hätten jedoch die tiefgehende Auseinandersetzung mit Ungerechtigkeit und die Herkunft der Theorie sowie ihre soziale und rechtliche Anwendbarkeit aus den Augen verloren.

Durch das Loslösen des Intersekitonalitäts-Begriffes vom Bereich *race* in akademischen Diskursen kam es nach Solanke zu einer Remarginalisierung Schwarzer Frauen.[31]

> „Vermeidet man den öffentlichen Diskurs zum Thema Rasse, schafft man damit die Bedingungen zur Verstetigung von Rassismus und verhindert ein effektives Mittel zur Überwindung von Diskriminierung."[32]

Seit der jüngsten Welle antirassistischen Protests gibt es in Deutschland eine neue Debatte um den „Rasse"-Begriff im Grundgesetz. Er wurde 1949 zum Schutz von verfolgten Minderheiten vor dem Hintergrund des Nationalsozialismus ins Grundgesetz aufgenommen. Beim Begriff „Rasse" sollte man das biologische und das soziale Verständnis unterscheiden. Seit langem ist biologisch bewiesen, dass es keine Menschenrassen gibt[33] – sehr wohl aber Rassismus.[34] Im amerikanischen Kontext wird der Begriff, anders als im deutschen Diskurs, schon lange nur noch als selbst zugeschriebene soziale Kategorie verwendet. Als sozialer Begriff und insbesondere als Rechtsbegriff in Antidiskriminierungsgesetzen ist er nach Theoretiker*innen wie Cengiz Barskanmaz jedoch nach wie vor gültig und notwendig. Deswegen sollte es nach Barskanmaz eine andauernde kritische Debatte um den Begriff geben[35] – wie auch über ähnliche Begriffe, wie Geschlecht (auch biologisches Geschlecht hat sich als nicht-binäre Kategorie erwiesen[36]).

Wie Autor*in und Aktivist*in Mîran Newroz Çelik betont, wäre die Etablierung der Intersektionalitätstheorie in Deutschland ohne die Schwarze deutsche Frauenbewegung und Feminist*innen of Color nicht möglich gewesen.

> „Nach sehr langen und harten Kämpfen, Diskussionen und auch Verlusten, die längst noch nicht ausgestanden sind, wie es der rassistische Backlash nicht nur in Deutschland zeigt, wird deutlich, dass und von wem Intersektionalität erkämpft und verteidigt werden muss."[37]

Seit 2019, dem 30-jährigen Jubiläum der Intersektionalitätstheorie, in dessen Zusammenhang die meisten der hier zitierten Quellen entstanden sind, hat sich global, aber auch lokal in Deutschland in kürzester Zeit viel verändert und die Diskurse über Intersektionalität und Identitätspolitik haben eine noch größere Aktualität gewonnen.

Parallel zur *BlackLivesMatter*-Bewegung in den USA gibt es auch in Deutschland einen stärker migrantisch organisierten, antirassistischen Widerstand infolge des neuen Gipfels rassistischer, sowie antisemitischer Gewalttaten. Seit 1990 gab es laut der Amadeu Antonio Stiftung in Deutschland mindestens 219 Todesopfer rechter Gewalt.[38] Hier ist z.B. das rassistische Attentat in Hanau vom 19.02.2020 zu nennen, in dem 9 Menschen getötet wurden: Gökhan Gültekin, Sedat Gürbüz, Said Nesar Hashemi, Mercedes Kierpacz, Hamza Kurtović, Vili Viorel Păun, Fatih Saraçoğlu, Ferhat Unvar und Kalojan Velkov.[39] Diese Entwicklung führt in den jüngeren deutschen feministischen Diskursen zu einem zunehmenden Bewusstsein über die Verschränktheit von *race*, Klasse und Gender als untrennbare Kategorien. Außerdem ist ein wachsendes Wissen über bis dahin weniger sichtbare Diskriminierungskategorien und deren Nuancen zu beobachten.

Ein Beispiel dafür ist Colorism, die Privilegierung von light-skinned gegenüber dark-skinned Schwarzen Personen, oder eine steigende Aufmerksamkeit für Fettfeindlichkeit, die sich z.B. in der strukturellen Benachteiligung mehrgewichtiger Menschen im Gesundheitswesen und im Arbeitsmarkt äußert.

El Tayeb beschreibt, wie aktuell die Intersektionalität nach wie vor in Deutschland ist.

„Gerade jetzt, angesichts der erfolgreichen Allianz von Neonationalismus und Neoliberalismus, wieder einmal mit der altbewährten Strategie von Teilen und Herrschen durch Dämonisierung von Unterschieden [sic]. Gemeinsamer Widerstand gegen diese globale Bedrohung ist unabdingbar, wird aber oft gehemmt durch den Anspruch, Unterschiede zu negieren und sich hinter einem einzigen, gemeinsamen Ziel zu versammeln – jede Kritik daran wird als schädliche, egoistische ‚Identitätspolitik' abgestempelt –, was wieder die gleichen Teilungen und Ausgrenzungen ergibt, die den intersektionalen Aktivismus Schwarzer Frauen ursprünglich entstehen ließen. Wie Audre Lorde 1982 beobachtete:

'There is no such thing as a single-issue struggle because we do not live single-issue lives.'[40]"[41]

2.3
Asymmetrische Solidarität

Um die Dimension der Gender-Benachteiligung zu illustrieren, teilt Kimberlé Crenshaw einen Vorfall aus ihrem Leben: Sie besuchte mit zwei Schwarzen Freunden die Party einer Studierenden-Verbindung in Harvard. Als sie das Gebäude betreten wollte, wurde ihr der Einlass verwehrt. Crenshaw erwartete, dass sie aus rassistischen Gründen nicht eingelassen wurde.

Es stellte sich jedoch heraus, dass sie nicht durch die Haupttür gehen durfte, weil sie eine Frau war und Frauen das Gebäude noch immer durch die Hintertür betreten mussten. Crenshaw entschied in dem Moment, die Konfrontation zu vermeiden, weil sie und ihre Freunde als erste Gruppe Schwarzer Besucher*innen sowieso schon unter Beobachtung standen und ein Protest sehr wahrscheinlich negative Folgen für kommende Schwarze Besucher*innen haben könnte.[42] Diese Begebenheit illustriert das Dilemma, in welchem sich mehrdimensional diskriminierte Menschen regelmäßig befinden, indem sie sich in Konflikten oft für einen Teil ihrer Identität entscheiden müssen.

Diese Facette von Intersektionalität wird mit dem Begriff *asymmetrische Solidarität* beschrieben. Er drückt aus, dass eine selbstverständliche Solidarität unter Frauen oder Schwarzen Menschen nicht existiert. Nach Crenshaw erwarten Schwarze Männer und *weiße* Feministinnen automatisch unbegrenzte Solidarität im antirassistischen bzw. feministischen Kampf von Schwarzen Frauen.[43] Das Asymmetrische kommt daher, dass diese jedoch die spezifischen Probleme der Schwarzen Frauen nicht wahrnehmen und sie deshalb nicht gleichwertig unterstützen.

Ein aktuelles Beispiel hierfür findet sich in Leyla Yenirces Missy-Kolumnen-Text „Die Reste aus der Kaffeekanne“.[44] In diesem beschreibt Yenirce, bildende Künstlerin, Musikerin und Label-Gründerin aus Hamburg, die in Kurdistan geboren wurde, wie sich anhand einer kleinen Geste die extreme Unterschiedlichkeit von zwei Frauen zeigt. Die eine dieser Frauen ist Yenirces Mutter, welche zusätzlich zu ihrem Job als Putzfrau noch das Zuhause einer anderen Frau putzt. Diese stellt Yenirces Mutter, während diese bei ihr arbeitet, immer den Rest ihres kalten Kaffees vom Frühstück hin, wodurch ihr fehlender Respekt für ihre Angestellte und die Hierarchie zwischen ihnen sichtbar wird. Yenirce schreibt:

> „Die Zukunft ist nicht weiblich, die Zukunft ist intersektional. Ich sehe die Frau, die meiner Mutter die Reste aus der Kanne anbietet, nicht an ihrer Seite kämpfen. Sie mögen zwar beide mit den strukturellen Diskriminierungen eines patriarchalen Systems zu schaffen haben, aber so lange der Kaffee aus der Kanne nicht heiß ist, sehe ich sie nicht nebeneinander stehen, sondern meine Mutter nur unter ihr. Und da unten steht sie mit vielen anderen Frauen, denen kalter Kaffee nicht schmeckt. Diese Frauen, mit denen sie sich den Platz teilt, sind aber nicht alle of Color, sondern jene Frauen, die ähnliche Erfahrungen machen und auch jene, die sich mit ihr solidarisieren und es nicht übers Herz bringen, einem anderen Menschen kalten Kaffee zu servieren, unabhängig davon, wie viel sie verdienen oder welche Hautfarbe sie besitzen.“[45]

Der Gedanke der asymmetrischen Solidarität taucht auch schon in älteren Texten Schwarzer feministischer Aktivistinnen auf. So zum Beispiel bei Audre Lorde, welche die Selbstbeschreibung *Schwarze, Lesbe, Feministin, Mutter, Poetin, Kämpferin* benutzt und in ihrem bahnbrechenden Text „The Master’s Tools

Will Never Dismantle the Master's House"[46] die Exklusivität und Barrieren von *weißen* feministischen Infrastrukturen hinterfragt.

„If white American feminist theory need not deal with the differences between us, and the resulting difference in our oppressions, then how do you deal with the fact that the women who clean your houses and tend your children while you attend conferences on feminist theory are, for the most part, poor women and women of Color?"[47]

1 bell hooks und Jill Soloway, *Ending Domination*, 2016, ab min. 23:43.

2 Julia Phillips, *Can We Get a Witness?*, in: Gunda-Werner-Institut, Heinrich-Böll-Stiftung, Center for Intersectional Justice (Hg.), „Reach Everyone on the Planet…", Kimberlé Crenshaw und die Intersektionalität, Texte von und für Kimberlé Crenshaw, 2019, 79–80.

3 Gunda-Werner-Institut, u.a. (Hg.), *Reach Everyone on the Planet …*, 2019.

4 Fatima El-Tayeb, *Rassistischer Kapitalismus: Hierarchien der Zugehörigkeit*, in: Gunda-Werner-Institut, u.a. (Hg.), Reach Everyone on the Planet …, 2019, 37–38.

5 Jin Haritaworn, *Imaginierte Community: Kimberlé Crenshaw und „Queer/Trans of Color"-Politiken*, in: Gunda-Werner-Institut, u.a. (Hg.), Reach Everyone on the Planet …, 2019, 42.

6 Ebd., 43.

7 Natasha A. Kelly, *HÄ? Was heißt denn Intersektionalität?*, 2017, https://missy-magazine.de/blog/2017/05/29/hae-was-heisst-denn-intersektionalitaet/ [zuletzt 05.03.2021].

8 Fatima El-Tayeb, *Rassistischer Kapitalismus: Hierarchien der Zugehörigkeit*, 2019, 37.

9 Kimberlé Crenshaw, *Demarginalizing the Intersection of Race and Sex*, 1989, 167.

10 bell hooks und Jill Soloway, *Ending Domination*, 2016, ab min. 23:43.

11 bell hooks und Jill Soloway, *Ending Domination: The Personal is Political*, The New School, 2016, https://www.youtube.com/watch?v=Fw6Fd87PhjU&feature=youtu.be, [zuletzt 05.03.2021], min. 24:00.

12 Vgl.: Julia Phillips, *Can We Get a Witness?*, 2019.

13 bell hooks und Jill Soloway: *Ending Domination*, 2016, ab min. 23:00.

14 Ebd., min. 29:00–33:00.

15 Julia Phillips, *Can We Get a Witness?*, 2019, 79–80.

16 Ebd., 78.

17 Vgl. Audre Lorde, *The Master's Tools Will Never Dismantle the Master's House*, in: Sister Outsider: Essays and Speeches, 1984 über: https://collectiveliberation.org/wp-content/uploads/2013/01/Lorde_The_Masters_Tools.pdf [zuletzt 10.04.2021].

18 Ebd., 2.

19 Audre Lorde, *Learning from the 60s*, Rede, 1982, https://www.blackpast.org/african-american-history/1982-audre-lorde-learning-60s/, [zuletzt 10.04.2021].

20 Vgl. Paolo Freire, *Pädagogik der Unterdrückten – Bildung als Praxis der Freiheit*, 1974.

21 Audre Lorde, *Learning from the 60s, 1982*.

22 Ebd.

23 Sahra Wagenknecht, *Die Selbstgerechten*, 2021.

24 Philipp May, *„Diskussionen über Sprachverbote führen an den Problemen vorbei“*, Sahra Wagenknecht im Gespräch mit Philipp May, Deutschlandfunk, 2021, https://www.deutschlandfunk.de/wagenknecht-linke-zur-debatte-um-identitaetspolitik, [zuletzt 15.03.2021].

25 Ebd.

26 Keeanga-Yamahtta Taylor, *Introduction*, 2012, (eBook, o. S.).

27 *Sahra Wagenknecht im Gespräch mit Philipp May*, Deutschlandfunk, 2021.

28 Maisha-Maureen Auma, *Kimberlé Crenshaws Einfluss auf mein gerechtigkeitsstrategisches Denken*, in: Gunda-Werner-Institut, u.a. (Hg.), Reach Everyone on the Planet ..., 2019, 23-24.

29 Ines Kappert und Emilia Roig, *Vorwort und Einleitung*, in: Gunda-Werner-Institut, u.a. (Hg.), Reach Everyone on the Planet ..., 2019, 11.

30 Iyiola Solanke, *Wo sind in Europa die Schwarzen Professorinnen?*, in: Gunda-Werner-Institut, u.a. (Hg.), Reach Everyone on the Planet ..., 2019, 46.

31 Ebd., 45-47.

32 Ebd., 48.

33 Ebd., 48-49.

34 In der 2019 erschienenen „Jenaer Erklärung“ bewiesen Zoologen und Anthropologen erneut, dass es nie eine biologische Begründung für die Einteilung von Menschen in Rassen gegeben hat und es diese auch niemals geben wird. Sie bestätigen, dass sich das Konzept der Rasse als Ergebnis von Rassismus, nicht als dessen Voraussetzung erwiesen hat. In: Martin S. Fischer u.a., *Jenaer Erklärung*, 2019, https://www.uni-jena.de/190910_JenaerErklaerung, [zuletzt 08.03.2021].

35 Cengiz Barskanmaz, *Antidiskriminierungsrecht mit Crenshaw – aber ohne Rasse?*, in: Gunda-Werner-Institut, u.a. (Hg.), Reach Everyone on the Planet, 2019, 102-103.

36 Vgl.: Claire Ainsworth, *Sex redefined*, in: Nature, International Weekly Journal of Science, vol. 518, 18.02.2015, https://www.nature.com/news/sex-redefined-1.16943, [zuletzt 08.03.2021].

37 Mîran Newroz Çelik, *Intersektionalität ist ein Konzept, das in meinem Leben nie ein Konzept war*, in: Gunda-Werner-Institut, u.a. (Hg.), Reach Everyone on the Planet, 2019, 20–21.

38 Erik Peter, *Prozess gegen Lina E.: Antifa, weil Staatsversagen*, erschienen auf TAZ.de, 2. 6. 2023, https://taz.de/Prozess-gegen-Lina-E/!5935556/ [zuletzt 03.06.2021].

39 Gleichzeitig wird Antifaschismus mit einer neuen Härte in Deutschland staatlich verfolgt, wie die Urteile an Lina E. und ihren Mitstreiter*innen im Antifa-Ost-Prozess zeigen.

40 Audre Lorde, *Learning from the 60s*, 1982.

41 Fatima El-Tayeb, *Rassistischer Kapitalismus: Hierarchien der Zugehörigkeit*, 2019, 38.

42 Kimberlé Crenshaw, *Demarginalizing the Intersection of Race and Sex: A Black Feminist Critique of Antidiscrimination Doctrine, Feminist Theory and Antiracist Politics*, in: University of Chicago Legal Forum, Vol. 1989, Article 8, Chicago 1989., 161.

43 Vgl. Kimberlé Williams Crenshaw, *I Believe I Can Lie*, in: The Baffler, 17.01.2019, https://thebaffler.com/latest/i-believe-i-can-lie-crenshaw, [zuletzt 3.4.2021].

44 Leyla Yenirce, *Die Reste aus der Kaffeekanne,* in: Missy Magazine, 19.06.2018, https://missy-magazine.de/blog/2018/06/19/die-reste-aus-der-kaffeekanne/, [zuletzt 13.01.2021].

45 Ebd.

46 Audre Lorde, *The Master's Tools Will Never Dismantle the Master's House,* 1984, 1.

47 Ebd., 2.

3.
DIE KOMPLIZENSCHAFT VON DESIGN IN INTERSEKTIONALEN DISKRIMINIERUNGSPROZESSEN

Um Intersektionalität auf Design zu beziehen, soll zuerst der Status Quo der Disziplin betrachtet werden. Die Disziplin Design steht aktuell an einem technischen, aber auch gesellschaftlichen Wendepunkt. Nachdem sich Designer*innen lange dagegen gesträubt haben, beginnen sie nun nach und nach, sich und ihre Arbeit als politisch oder gar parteiisch zu begreifen.[1] In den letzten fünf Jahren wurden einige designtheoretische Bücher veröffentlicht, die sich darin einig sind, dass es ein machtkritisches, feministisches, dekoloniales Um- und Neudenken der Disziplin Design braucht.

Diese Veränderung muss auf mehreren Ebenen geschehen: Ein kritischer Blick in die Designgeschichte und ein Aufarbeiten der Beteiligung von Design am Entstehen und der Aufrechterhaltung von Unterdrückungsmechanismen wie Kolonialismus, Imperialismus, Kapitalismus und Patriarchat ist notwendig.

Gleichzeitig braucht es eine diversitätssensible Lehre, um die künftigen Generationen von Designer*innen machtkritisch auszubilden und besser die diversen Klient*innen zu repräsentieren sowie neue Perspektiven und Techniken, um Design als Werkzeug für soziale Gerechtigkeit einzusetzen.

3.1 Verantwortung für gestern und morgen

Ähnlich wie Sprache ist Design ein System, das gesellschaftliche Normen und Machtverhältnisse in physischen Objekten, Interfaces und Prozessen fortschreibt und manifestiert. Design ist an der (Neu)Erfindung und

(Re)Produktion von materieller Kultur aktiv beteiligt.[2] So kreiert Design nicht nur Gebrauchsgegenstände und Gebrauchsweisen, sondern ist auch die „Vergegenständlichung von sozialen Beziehungen, Mentalitäten und Machtverhältnissen."[3] Sasha Costanza-Chock betont dabei den Einfluss von Design auf die Zukunft:

> "Designers imagine images, objects, buildings, and systems that do not yet exist. We propose, predict, and advocate for (or, in certain kinds of design, warn against) visions of the future."[4]

Wie weit dieses Fortschreiben reichen kann, zeigt der ontologische Design-Begriff der australischen Designtheoretikerin und Professorin Anne-Marie Willis.[5] Sie beschreibt Design als wesentlich allgegenwärtiger und tiefgreifender, als üblicherweise angenommen wird. In diesem Verständnis gestalten Menschen permanent bewusst und unbewusst ihren Lebensraum und werden wiederum von diesem *zurück-gestaltet: "(...)* this adds up to a double movement – we design our world, while our world acts back on us and designs us."[6]

Der kolumbianisch-amerikanische Anthropologe Arturo Escobar denkt dieses Potential in seinem Buch "Designs for the Pluriverse"[7] weiter, indem er Design in Anlehnung an die indigene Zapatista-Philosophie als ethische, weltgestaltende Praxis beschreibt, die so plurivers sein sollte, dass viele Welten nebeneinander existieren können *("where many wolds fit")*.[8] Escobars Begriff des *worlding* liegt dabei sehr nah an Crenshaws Formulierung des *"remaking and restructuring the world"*.[9]

Außerdem beobachtet Escobar die erfreuliche Entwicklung, dass wir uns schon mitten im Entstehen eines transnationalen kritischen Designtheorie-Feldes befinden, das sich von einem vormals innereuropäischen Dialog hin zu einer pluriversen Vielstimmigkeit bewegt. Das Ziel dieser Bewegung sei nichts weniger, als Design als Werkzeug einzusetzen, um eine bessere, andere Welt, bzw. Welten[10] zu kreieren. Dabei wird Designtheorie mit radikalen Ideen anderer Disziplinen wie Anthropologie, Geografie, politischer Philosophie und Wirtschaftstheorie sowie feministischer und antirassistischer Theorie kombiniert.[11]

Die queere brasilianische Kuratorin und Aktivistin Nina Paim und die Schweizer Professorin und Designtheoretikerin Claudia Mareis beschreiben in ihrem 2021 gemeinsam herausgegebenen Essayband "Design Struggles" westliches Design und westliche Designtheorie als exklusives und begrenztes Feld. Diese Homogenität sei auf die noch immer einflussreiche modernistische Tradition im Design zurückzuführen, bei der eine kleine Gruppe zumeist *weißer*, cis-männlicher Designer im globalen Norden eurozentrische Wissensformen und Ästhetiken im Namen von Design verbreiten und als universell geltend machen.[12] Beispielhaft beschreiben sie, wie sich das Design der Moderne, z.B. das Bauhaus und die Ulmer Schule in den globalen Süden und in postkoloniale Gebiete ausgebreitet hat, dort jedoch oft daran scheitert, sich den lokalen Gegebenheiten anzupassen. Daraus schlussfolgern die Autorinnen, dass auch modernistisches Design keineswegs zeitlos und universell ist, sondern situiert.[13]

> "Design contributes to the logic of Western modernity as both enlightening and oppressive, both productive and extractive."[14]

Damit ein Neudenken von Design überhaupt möglich wird, sollte es sich seiner mitunter grausamen Vergangenheit stellen. In diesem Sinne muss sich Design als maßgebliches Instrument von Kolonialismus, Imperialismus und Patriarchat sowie im Rahmen dieser Systeme als Instrument der Ausbeutung von natürlichen Ressourcen und menschlicher Arbeitskraft verstehen.[15] Am stärksten betroffen hiervon sind arme, weibliche BIPoC – also jene an der Schnittstelle von *race*, class und gender.[16] Auch wenn aus westlicher Sicht das Bauhaus und modernistisches Design ein durchaus emanzipativ und befreiend konzipiertes Designverständnis darstellen, die sich auch aus dem Widerstand gegen Konventionen und Herrschaftsformen entwickelten, sollten sie kritisch betrachtet werden. Elisabeth 'Dori' Tunstall beschreibt, wie der Export modernistischer Designs Teil des anhaltenden Kolonialismus war und ist.

> "To be clear, the sentiment in Europe, that universal humanity could be manifested through design forms, in which the ethnic and national markers reified national differences were absent, failed. But it was effectively realized through European colonization, in which Indigenous, Black, and other non-European practices of making were deemed inferior, outright prohibited, or systemically erased in order to maintain a culture of white supremacy."[17]

Marianne van Helvert, niederländische Textildesignerin und Designtheoretikerin, vertritt in ihrem Buch "The Responsible Object"[18] die Ansicht, dass die Disziplin Design von Anfang an zwischen kapitalistischen Ideen und dem Mainstream auf der einen sowie *counter-cultural positions* auf der anderen Seite, also politischen Idealen und Anti-Kapitalismus, changierte. Heute befinden wir uns nach van Helvert wieder in einer dieser kritischen Counter-Design-Phasen, deren Beginn sie auf die Wirtschafts- und Umwelt-Krisen Anfang der 2000er Jahre zurückführt.[19] Die neueste Welle der kritischen Auseinandersetzung mit Design begann rückblickend mit dem Critical Design. Deren britische Begründer*innen, Fiona Raby und Anthony Dunne, beschrieben 2007 in ihrem Manifest "Critical Design FAQ"[20] die Pole, zwischen denen sich Design bewegt. Sie unterteilen Design (zugegebenermaßen recht binär) in Critical Design und Affirmative Design. Dabei verfestigt letzteres den Status Quo, während Critical Design diesen in Frage stellt. Sie bemerkten schon damals, dass der noch immer existierende Fokus von Design auf Modernismus und Minimalismus im Mainstream die Welt des 21. Jahrhunderts nicht mehr repräsentiert.

> "The world we live in today is incredibly complex, our social relations, desires, fantasies, hopes and fears are very different from those at the beginning of the 20c. Yet many key ideas informing mainstream design stem from the early 20c. Society has moved on but design has not, Critical Design is one of many mutations design is undergoing in an effort to remain

> relevant to the complex technological, political, economic and social changes we are experiencing at the beginning of the 21c."[21]

Seitdem haben sich unzählige neue Designströmungen entwickelt, wie Transition Design, Co-Design, Adversarial Design, Human-Centered Design, Civic Design, etc. Festzustellen ist, dass all diese Begriffe schlussendlich ähnliche Ziele haben: Den Diskurs über den Wendepunkt, an dem sich die Disziplin Design gerade befindet, mitzugestalten und Diskussionen anzuregen. Dabei verebben einige dieser Begriffe schneller wieder als andere, welche ganze Studiengänge hervorbringen. Mitunter generieren sie Tools und Materialien, die die Disziplin Design nicht nur in der Theorie, sondern auch in der Praxis weiterentwickeln. Die meisten Designtheoretiker*innen, die hier zitiert werden, sind sich einig darüber, dass Design sowohl Teil des Problems ist als auch Teil einer Lösung sein wird.

> "Design is always influenced by its social and political context, and by the cultural assumptions and history of the designer, the client, and consumer. It is shaped by all of our values and desires, and in turn it is always in the process of confirming, evolving, or, less commonly, subverting the way we live, eat, move, look, communicate, work and play."[22]

In meinen Augen hat kritische Theorieproduktion im Design zumindest in den Counter-Design-Phasen immer existiert. Beispielsweise in den 1920er Jahren von Hannes Meyer in Bezug auf die Exklusivität und

Erschwinglichkeit von Design, in den 60er und 70er Jahren die scharfen Kritiken von Victor Papanek zur Verantwortung von Design oder Horst Rittel zur Problemlösewut im Design. Hier ist z.B. auch die feministische Kritik an den Arbeitsbedingungen für Frauen in der Grafikdesign-Szene von Martha Scotford in den 90ern zu nennen.[23]

Auch Jesko Fezer, Berliner Architekt und Designprofessor, schreibt in seinem Text "Parteiisches Design"[24], dass die Designer*innen endlich begonnen hätten, Design als politisch zu verstehen und nun auf dem Weg seien, sich „selbst zum leidenschaftliche Partner Anderer zu machen“[25]. Dabei spricht er an, dass traditionelles Design von unhinterfragten Normen ausgeht.

> „Der Wertehorizont, vor dem diese Probleme und damit auch die Strategien zu ihrer Lösung sichtbar wurden, war die ‚Normalität‘ der bürgerlich-männlich-westlich-*weißen* Gesellschaft. Das Selbstverständnis der DesignerInnen, ArchitektInnen und PlanerInnen kultivierte den Blick auf Andere, denen Gutes angetan wird. Weil der oder die Andere aber eben schwer zu begreifen ist, bleibt dieser Fremdbezug des Designs notwendigerweise immer auch ein Selbstbezug der DesignerInnen, um jenes Unverständnis zu kompensieren. Auch engagierte Gestaltungsansätze wie Social oder Critical Design bleiben diesem Dilemma verhaftet, denn es geht immer auch um andere: um diejenigen, denen geholfen wird, denen Design zu Gute kommen soll oder jene, die es betrachten und Erfahrungen machen und Erkenntnisse bekommen.“[26]

Wegen dieser Unmöglichkeit, Design von den Designer*innen selbst zu trennen und wegen des mangelnden Verständnisses für die Menschen, mit und für die Designer*innen arbeiten, ist es notwendig, Konzepte wie Intersektionalität auf Design zu beziehen. Ebenso wichtig ist es, sich in den Machtstrukturen selbst transparent zu positionieren, wie es auch Jacquie Shaw im Interview beschreibt.

Interview Jacquie Shaw

23.02.2021
150 min
Teil 2 von 4

AU
What does intersectionality mean to you and how does that translate into your design practice?

JS
When I first came across intersectionality, I felt there's a way to describe my lived experience. I am a mixed *race* person, so I am half white, half Filipino. That always gave me this different perspective of the world. I'm a queer person, I'm non-binary, like I kind of always lived in these intersections of life and identity. Well, the thing with intersectionality and the thing with lived experience is that you can`t really extract that from what you do or what you make. I started to understand that the work I make in design, the way I think about design and the way I interact with design will always be painted with the experience that I have.

And that's what I really try to bring forward, because we as designers, especially when I was an undergrad, so about 10 years ago now, we were taught the fundamentals of design with the same euro-centric white male canon. So you're constantly trying to fit your work and your understanding into those boxes. And even outside of design I am constantly trying to fit myself into the box of a cceptable existence. Learning about intersectionality meant to me that people out there had words and could articulate what it means to feel these pressures of identity. And what it means to define myself as a designer and to walk through the world as the person I am. It meant having a wider view and a way to articulate that wider view.

3.2
Still a White (Cis)Man's World? – Eine Frage der Repräsentation

Die Designszene hat nach wie vor ein Repräsentationsproblem und ist noch immer wesentlich homogener als die heutige pluralistische Gesellschaft, die sie abbilden sollte und deren Bedürfnisse sie repräsentieren will. Gleichzeitig gehen das aktuelle Zeitgeschehen und globale Bewegungen wie die *BlackLivesMatter*-Bewegung und die *MeToo*-Debatte auch am Design nicht spurlos vorüber und auch in der Designszene gelangen marginalisierte Positionen und Designer*innen zu einer stärkeren Sichtbarkeit.[27] In ihrem 2018 erschienenen Buch "Design as an Attitude"[28] behandelt Alice Rawsthorn, britische Designkritikerin, dieses Diversitätsproblem der Szene. Im Kapitel "Is Design Still a (Cis)Man's World?" fragt sie nach den Gründen dafür, dass Design so lange eine Disziplin der Männer geblieben ist, obwohl doch schon seit Jahrzehnten die Mehrzahl der Studierenden weiblich ist. Auch heute leiden Frauen und queere Menschen in der Designszene noch unter sexistischen Bedingungen. Dabei sind erfolgreiche Frauen in einigen Designdisziplinen schon länger stärker vertreten, z.B. im Social Design, in denen es weniger *male gatekeepers* gibt, als z.B. im Produktdesign, welches noch immer stark männlich dominiert ist.[29] Rawthorn prophezeit eine sich rasch bessernde Zukunft mit einer wachsenden Unabhängigkeit von Frauen und genderqueeren Designer*innen durch neue Technologien und das kollektive Überwinden der "Old Boys Networks".[30]

Sie stellt aber auch fest, dass BIPoC-Designer*innen noch immer wenig Aufmerksamkeit für ihre Designarbeit bekommen:

> "Design has long been accused of being a *'man's world'*, but *'white man's world'* would be more accurate, because that is what has been portrayed in most books, exhibitions, and other orthodox accounts of design history."[31]

Um sein Potential zu erfüllen, die Lebensqualität von Menschen zu verbessern, muss Design nach Rawsthorn divers sein, d.h. die Nuancen, Komplexitäten und Sensibilitäten eines jeden Bereiches der Gesellschaft repräsentieren.[32]

Das Repräsentationsproblem in der Designszene beginnt zweifelsohne bereits in der Ausbildung: In Mitteleuropa werden die meisten Professuren und Stellen in der Lehre nach wie vor von *weißen* cis-Männern besetzt. Dadurch fehlen Vorbilder für alle, die aus dieser Norm herausfallen. So wird die *gläserne Decke,* also das Phänomen, dass an einem gewissen Punkt in der Hierarchie einer Institution Frauen, queere Menschen und BIPoC nicht mehr weiterkommen, verfestigt.[33] Außerdem sind die klassistischen Hürden in vielen Designstudiengängen hoch: Schon für die Bewerbungsmappe werden viel Vorwissen und finanzielle, kulturelle und zeitliche Ressourcen (z.B. ein zuvor belegter Mappenkurs) vorausgesetzt. Oftmals ist der Leistungsdruck im Studium extrem und es wird ein sehr hoher zeitlicher Einsatz erwartet, um Aufgaben und Projekte zu erledigen, wobei eine Nachtschichten-Mentalität und Konkurrenz gefördert werden. Das ist besonders problematisch Studierenden gegenüber, die Einkünfte aus Nebenjobs benötigen, Care-Arbeit für Kinder oder Angehörige leisten, behindert oder chronisch krank sind. Gleichzeitig sind die wenigsten Mitglieder der Aufnahmekommission im kulturell sensiblen Design geschult, um die in internationalen Mappen vertretenen Ästhetiken gebührend beurteilen zu können.[34]

Es fehlt in der Designlehre auch — anders als in der Kunst — an einem Fundament aus kritischer Theorie, um den Studierenden ein machtkritisches Verständnis mitzugeben. Für mich sind die aktuell relevantesten Designtheorien[35] jene, die Designwissen mit anderen Disziplinen und Standpunkten kombinieren, wie z.B. mit Ethnologie.[36] Im Design-Studium wird zumeist nur ein begrenzter Kanon von Designtheorie und bestenfalls noch Architekturgeschichte unterrichtet.

So werden die Designer*innen nicht von Anfang an in kritischem Denken geschult und es kommt oftmals erst später durch eine Selbstaneignung von kritischer Theorie zu einem intersektionalen Blickwinkel, wie in den von mir geführten vier Interviews ersichtlich wird. Diese Politisierung findet jedoch nur bei einem Bruchteil der Designer*innen eigenständig während der Ausbildung statt, oftmals bei jenen, die selbst von (Mehrfach-)Marginalisierung betroffen sind, und sollte institutionell mehr unterstützt werden. Im Gesamtbild ist jedoch zu beobachten, dass deutsche Kunsthochschulen beginnen, mehr kritische Positionen einzuladen und zuzulassen. Begonnen hat dies mit studentischen Initiativen, mittlerweile setzt es sich bis in die Professuren fort.[37] Jacquie Shaw und Hân Lê geben Einblick.

Interview Hân Lê

25.01.2021
105 min.
Teil 1 von 2

AU
Gab es für dich einen konkreten Zeitpunkt, an dem du festgestellt hast, was Design für eine große Rolle in Unterdrückungsmechanismen spielt?

HL
Ich habe es tatsächlich noch nicht am Anfang des Studiums feststellen können, weil ich noch nicht sensibilisiert war und im Gegenteil vieles eher obrigkeitshörig aufgenommen habe, weil das eben von der Uni kam. Meine Eltern sind klassische Arbeiter*innen und außerdem Menschen mit Fluchtgeschichte. Ich bin die erste Generation in der Familie, die hier in Deutschland überhaupt studiert hat. Unter dem Aspekt habe ich am Anfang alles lernen wollen und das ernst genommen und nicht viel hinterfragt, tatsächlich. Vor allem was die Theorie angeht. Ich glaube das erste Mal, dass ich mich gefragt habe: 'Okay, was lesen wir hier eigentlich?!' war ein Essay von Adolf Loos[38] im Designtheorieunterricht: Ornament und Verbrechen. Das war so ein Moment, in dem ich dachte ‚Was ist das überhaupt für ein Typ?!' Warum behandeln wir das nicht richtig, warum diskutieren wir hier nicht kritisch? Der Text wird uns so serviert, wie eine Lektüre, die wir lesen müssen, als gehöre das zum Allgemeinwissen. Und das wird dann Teil von einem unkritischen Design-Wissen.

(…) Was ist das für ein Kanon, der uns hier beigebracht wird!? Das hat sich dann nur fortgeführt in der Literatur und in den Vorlesungen. Wer uns da als Vorbilder vorgestellt wurde, war sehr einseitig. Mit meiner Familienbiografie wurde es mir nicht selbstverständlich mitgegeben, den Stoff der Uni zu hinterfragen. Deswegen habe ich lange nicht gedacht, ich hätte das Recht, Sachen zu kritisieren. Ich bin immer noch in dem Prozess, und werde es sicherlich mein ganzes Leben lang sein, mich zu fragen, welcher Instanz ich eigentlich Glauben und Gehör schenken kann und wo auch auf meine Kosten Machtverhältnisse reproduziert werden. Dieser Prozess begann etwa in den letzten ein bis zwei Semestern des Studiums. Dann war es auch schon so spät, dass ich nicht wusste, was ich da an der Uni noch verändern kann. Ich habe das Gefühl, dass das jetzt besser wird, weil ich ein neu- bzw. wieder erwachtes Selbstbewusstsein unter nicht-*weißen* Studis beobachte. Aber solange sich das Curriculum nicht ändert, die Literatur, wessen Arbeiten in Vorlesungen gezeigt werden, auf welche Art man überhaupt das Bauhaus bespricht – wenn das nicht grundlegend geändert wird, zugunsten von unsichtbar gemachten Menschen, vor allem Frauen, solange herrschen auch diese Machtverhältnisse.

Interview Jacquie Shaw

23.02.2021
150 min
Teil 3 von 4

AU
When did you notice that design plays a major role in the perpetuation of power relations and oppression?

JS
I noticed this first critical thought about design in the first year of undergrad. We had learned about planned obsolescence in the 20th century and how the ways that design had started to manipulate consumers by creating objects that would intentionally break after however long in order to fuel consumption and fuel markets. I began to understand how mediated the world is by design. In undergrad we were sold this idea — and I think it's still being sold, but I don't know if I'm sold on it — that design will save the world. We can use design and we can make things more sustainable. But at the same time "design can save the world" is up and coming and being sold to us along with human centered design and designing with people. And all of that is moving up as well, just noticing that dynamic of saviorism that's coming out of design. In design we talk about *users* and *experts* — even just calling the marginalized people we design for *users* feels gross. (…)

I would say I keep noticing new ways as well as I learn more about design and as I think more about design and as it consumes me, about what role do aesthetics and good design play in the illusion of power. I would say, it started as an undergrad and I continue to notice it every single day. It is a curse. (…)

Art and design get taught so closely with each other within art and design schools, especially in Canada, where I've had my whole design education. I tend to bridge that gap between art and design. Sometimes it can be very rigid. And if you don't make the effort to go join the art kids and their side, you never learn anything around cultural theory or critical theory. Also that siloedness of 'I'm coming in as the designer, I have my design background.' – but where is the *race* theory, where is the critical theory, where's all the knowledge and information that's outside of our practice when our practice literally touches all these other points? It feels sometimes like laziness and ignorance as well to approach design as good and universal. (…)

There's such a siloed approach to teaching design right now that doesn't take into account – and this is talked about by that decolonising design group a lot, especially by Ahmed Ansari – the plurality and understanding of the greater existence of the world and how siloed we get in the canon of universal *good design*. And also thinking about how design and taste and trend coincide with each other all the time. What we design also really buys into this perpetual notion of newness and quickness.

3.3 Gut gemeintes Design

Mit der steigenden Verbreitung von sozial engagiertem Design wächst auch die Kritik daran. Es erscheinen Publikationen und es bilden sich Gruppen, die diese Entwicklung prüfend beobachten, da Social-Design-Projekte oft trotz ihrer guten Intentionen missglücken.[39] Das hat vielfältige Ursachen. Unter anderem ist dies zurückzuführen auf den universalistischen Designansatz, auf vermeintlich objektive Normen als Ausgangspunkt von Design sowie auf ein Zentrieren der eigenen Hilfsbereitschaft anstelle der Interessen der marginalisierten Projektpartner*innen.[40]

Ein grundlegendes Problem stellt hier wieder das fehlende Bewusstsein für intersektionale Machtdynamiken im Design dar. Oft herrscht noch immer ein eindimensionales Diskriminierungsverständnis vor. Infolgedessen gestalten Designer*innen an den problematischen Strukturen vorbei und tragen so oft eher zur Erhaltung des Status' quo bei.[41]

Auch die niederländischen und italienischen Designtheoretiker Jan Boelen und Michael Kaethler arbeiten sich an den Schwachstellen von Social Design ab und fordern, die materielle Dimension in den Diskurs um Social Design zurückzuholen. Sie beschreiben in ihrem Buch "Social matter, social design: For good or for bad, all design is social design"[42] die im Design vorherrschende Annahme, dass *das Soziale* in einem luftleeren Raum stattfindet und von dessen materiellen Grundlagen getrennt sei. Diese Mentalität, die sozialen und materiellen Komponenten nicht zusammenzudenken, führt nach Boelen und Kaethler zu einem Design der *good intentions*[43], das den Menschen in den Mittelpunkt stellt, jedoch ohne wirkliche Verantwortlichkeiten zu schaffen.

Wie auch in den im nächsten Kapitel vorgestellten drei Designrichtungen bzw. Kollektiven deutlich wird, verbreitet sich in der kritischen Designtheorie allmählich ein nuanciertes Verständnis für die Verstrickung von Design in der Aufrechterhaltung von Hierarchien: "Design is both complicit and combative in sustaining and reproducing the status quo."[44] Wenn sich dieses Verständnis jedoch nicht noch weiter verbreitet, werde Design nach Boelen und Kaethler weiterhin Objekte produzieren, die die gesellschaftlichen Hierarchien unreflektiert widerspiegeln:

> "(...) design is not only something that responds to and is 'placed' into complex sets of relations (such as gender, the public space, the body, etc.), but it is also something that 'emerges' from these. If this is not taken into consideration, design will continue to produce objects that reflect dominant, hegemonic, or oppressive social logics."[45]

Eine der schärfsten Kritiker*innen von humanitärem Design ist die Designerin und Theoretikerin Danah Abdulla, die in Kuwait geboren wurde und in London lebt. Sie bezeichnet den Ansatz als *"'doing good' movement in design"*.[46] Sie sieht darin eine wichtige Diskussionsgrundlage für Designer*innen, jedoch keine Transformationskraft.

> “Despite these efforts and the newfound importance attached to design, designers often remain uncritical service providers, and design itself part of a competitive business strategy.”[47]

So würden diese guten Absichten in einer moralischen Ästhetik der sozialen Verantwortung und Nachhaltigkeit verkümmern, welche von Unternehmen und neoliberalen Strukturen einverleibt werden können.[48]

Ich finde es richtig, auch humanitäres, gut gemeintes Design kritisch zu betrachten und denke, dass viele auf den ersten Blick sozial aussehenden Projekte oft nicht genügend hinterfragt werden. Aus meinen eigenen praktischen Erfahrungen während der Mitarbeit in der Öffentlichen Gestaltungsberatung St. Pauli[49] und anderen sozial engagierten Projekten, wie dem Ort der Verbundenheit Neuengamme[50], schließe ich jedoch, dass nicht jede Kooperation zwischen Designer*innen und marginalisierten Personen oder Gruppen performativ ist. Es kann hier durchaus zu gleichberechtigtem Zusammenarbeiten kommen. Von vornherein auszuschließen, dass Designer*innen für und mit beispielsweise armen Gemeinschaften und Menschen mit Fluchthintergrund gestalten, unterschätzt diese Partner*innen in meinen Augen. So werden sie wiederholt auf einen Aspekt ihrer Identität reduziert, was wiederum ein binäres Verständnis vom Verhältnis Klient*in/Designer*in kreiert. Um dem Machtgefälle in diesen Begegnungen entgegenzuwirken, sind meiner Erfahrung nach mehr Faktoren ausschlaggebend, insbesondere die Dauer der Kooperationen. Je langfristiger eine Zusammenarbeit ist, desto weniger oberflächlich bleibt sie und die Hierarchien können sich verschieben. Außerdem ist es entscheidend, wie stark die Klient*innen in der Kooperation an tatsächlichen Gestaltungsentscheidungen und an der Ästhetik beteiligt sind. Wenn die Designer*innen hierbei die kreative Autor*innenschaft nicht vereinnahmen, kann eine wesentlich größere Handlungsmacht entstehen. Der wichtigste Faktor ist in diesem Fall, wechselseitig die Positioniertheit und die eigenen Interessen und Abhängigkeiten transparent zu machen und Konflikte nicht zu scheuen.[51] Und wenn Projekte doch an ihrer *Wickedness/Verzwicktheit*[52] scheitern, dann ist es wichtig, Zeit und Ressourcen zu investieren, Verantwortung hierfür zu übernehmen, das Scheitern offenzulegen und daraus zu lernen.[53] Zwei Beispiele für gescheiterte Social-Design-Projekte sind auf der digitalen Lernplattform „How to Öffentliche Gestaltungsberatung"[54] akustisch ausgewertet worden. In den Projekten „Talstraße" und „Herrenweide" haben sich zwei Nachbarinnen aus St. Pauli an die Gestaltungsberatung gewandt, um je einen Ort in der Nähe ihrer Wohnung – einen Hauseingang und einen Grünstreifen – lebenswerter und schöner, bzw. sicherer zu machen. In der Zusammenarbeit mit den beiden Klient*innen hat die Gestaltungsberatung realisiert, dass die Problemlage extrem komplex ist. Beim Grünstreifen an der Herrenweide hatten die anderen Nachbar*innen die berechtigten Bedenken, mit einer Verschönerung die Gentrifizierung St. Paulis voran und ihre Miete in die Höhe zu treiben. In der Talstraße fühlte sich die Klientin in ihrem Hauseingang nicht mehr sicher, nachdem dort eingebrochen worden war und weil sich dort oft Drogenkosument*innen aufhielten. Interventionen im Hauseingang würden allerdings dazu führen, dass letztere noch weiter aus dem öffentlichen Raum verdrängt werden. Auch der Kontakt mit Suchtberatungsstellen hat in diesem Fall nicht maßgeblich geholfen, sodass beide Projekte nicht zu Ende geführt wurden.

Die Künstlerin, Musikerin und Designtheoretikerin Ece Canlı, die in der Türkei aufwuchs und heute in Porto lebt, und die aus Brasilien kommende und in Berlin lebende Künstlerin, Autorin und Lehrende Luiza Prado de O. Martins – beide genauso wie Danah Abdulla Teil des Decolonising Design Netzwerks – weisen darauf hin, dass die Disziplin Design in der Beschäftigung mit Intersektionalität sehr in Verzug sei, wenn man vergleiche, wie ähnliche Diskussionen in anderen geisteswissenschaftlichen Bereichen schon seit Jahrzehnten geführt werden. Ein Grund für die späte Aufarbeitung in der Designtheorie sei, dass Design von außen, aber auch innerhalb der eigenen Szene als eine *per se* gute, hilfreiche Disziplin gesehen werde und konträre Meinungen hierzu bisher kaum Platz gefunden haben. Dieser Irrtum prägt noch heute die Designszene und führt zu einem großen Unwillen gegenüber der kritischen Beschäftigung mit den Verstrickungen und potentiellen Folgen von Design. So steht die Disziplin im Mainstream-Designdiskurs nach wie vor unter einer Art Unschuldsvermutung.[55]

Canlı und Prado führen das Missglücken vieler Social Design Projekte darauf zurück, dass sich die Designer*innen entweder an die wirklich großen Probleme nicht herantrauen, weil sie zu verzwickt sind. Oder aber sie versuchen naiv, die ganz großen Themen mit einem lösungsfixierten Ansatz anzugehen, was bei komplexen Problemen zum Scheitern verurteilt wäre.[56] Da Designer*innen in ihren *Doing-Good-Projekten* oft viel Verantwortung übernehmen, welche sie nicht immer einlösen können, ist es umso notwendiger, dass sich im Design ein intersektionales Grundverständnis als Fundament stärker etabliert. Das Designmodell von Jacquie Shaw im Kapitel "Respectful Design" kann dabei helfen, zu hinterfragen, ob man als Designer*in tatsächlich für diese verantwortungsvollen Aufgaben bereit ist.

3.4
Design als symbolische Gewalt

Im Text "Design as Symbolic Violence: Reproducing the 'isms' + A Framework for Allies"[57] verknüpfen die kanadische Designerin und Pädagogin mit Umweltschwerpunkt Joanna ‚Jody' Boehnert und der afrokanadische Designer, Forscher und Designstratege Dimeji Onafuwa die Rolle von Design mit der Theorie der symbolischen Gewalt[58] des französischen Sozialphilosophen Pierre Bourdieu. Nach Boehnert und Onafuwa beschreibt das Konzept „wie Prioritäten, Werte und Empfindungen durch kulturelle Praktiken, Prozesse und Institutionen reproduziert werden".[59] Symbolische Gewalt trägt somit dazu bei, dass die dominanten Sichtweisen gesellschaftlich legitimiert werden. Menschen lernen so, ungerechte Bedingungen als natürlich anzusehen und unterdrückerische Ideen und Praktiken zu akzeptieren. Symbolische Gewalt ist ein subtiler, fast unsichtbarer gesellschaftlicher Prozess, der durch Sozialisation gefördert wird und dazu dient, das bestehende System aufrechtzuerhalten. So fördert symbolische Gewalt wiederum strukturelle Gewalt.[60] Design produziert subtile soziale Normen mit und bestärkt normatives Verhalten. Nicht nur, indem es das Konsumverlangen der Menschen ankurbelt, sondern auch, weil es politische Themen wie Technologie und Globalisierung durch seine ästhetische Anziehungskraft entpolitisiert. Außerdem ist Design an der schnellen Adaptation und Appropriation von kulturellen Ideen beteiligt.[61]

Die Autor*innen deklinieren in ihrem Text die Rolle von Design als Komplize verschiedener Ismen durch (z.B. Rassismus, Klassismus, Sexismus). Ein Beispiel rassistischer Diskriminierung durch Design wird im Kapitel 3.6 näher betrachtet. Sexistische Diskriminierung existiert hauptsächlich im Unverhältnis von Frauen in der Designausbildung und ihrer fehlenden Repräsentation in führenden amerikanischen Agenturen. Dass Frauen nicht in Führungspositionen ankommen, liegt nicht an ihrem fehlenden Talent, sondern hat strukturelle, kulturelle und ideologische Gründe, die in Form von struktureller Gewalt Einfluss auf die Karrieren der Designerinnen nehmen. Ähnlich gelagert ist es mit Designer*innen, die von Klassismus betroffen und sozial aufgestiegen sind, wie die schweizer Pädagogin, Textildesignerin und Historikerin Paola de Martin in ihrem Buch „Give Us a Break! Arbeitermilieu und Designszene im Aufbruch“[62] ausführlicher beschreibt.

„Wenn Zugehörigkeit und Nicht-Zugehörigkeit zum Designfeld kollektive Erfahrungen sind, dann stehen diese im Zusammenhang mit struktureller Diskriminierung und struktureller Privilegierung, die – wie ich im Laufe dieses Projekts entdecken konnte – eine lange Geschichte haben. Wird diese nicht erzählt, entfaltet sie eine symbolische Gewalt, die uns glauben lässt, dass gemachte Ungleichheit eine ‚natürliche' Ungleichheit sei."[63]

In Bezug auf klassistische Diskriminierung ist außerdem die Rolle von Design als Produzent von Luxus- und Kulturgütern wichtig, da diese Klassenunterschiede symbolisieren und sichtbar machen. Menschen werden durch Gestaltung dazu angeregt, sich über subjektive Kategorien, wie ‚guter Geschmack' und ‚Qualität' zu definieren und sichtbar voneinander abzuheben. So diszipliniert Design nach Onafuwa und Boehnert Menschen dazu, soziale Hierarchien zu vertreten.[64]

3.5 Mikroaggressionen durch Design

Nach Sasha Costanza-Chock, Gründungsmitglied des Design Justice Networks, das im vierten Kapitel näher betrachtet wird, treffen die Auswirkungen von diskriminierendem Design marginalisierte Menschen oft in Form von Mikroaggressionen.

"Racial microaggressions are 'brief and commonplace daily verbal, behavioral, or environmental indignities, whether intentional or unintentional, that communicate hostile, derogatory, or negative racial slights and insults toward people of color.'[65] Microaggressions reproduce the matrix of domination; reaffirm power inequalities; generate a climate of tension within organizations and communities; produce physical, cognitive, and emotional shifts in targeted individuals; and, over time, reduce both quality of life and life expectancy for people from marginalized groups."[66]

Dabei sind sie oft unintentionale Ausdrucksformen von Macht einer dominanten Person oder Gruppe gegenüber weniger privilegierten Personen. Mikroaggressionen sind nur der erste Schritt zu weitaus stärkeren Manifestationen von Unterdrückung, wie körperlicher Gewalt. Auch schwerwiegende Formen institutioneller Ungleichheit, wie z.B. der Ausschluss vom Zugang zu Beschäftigung und Wohnraum, können auf Mikroaggressionen folgen.[67] Diese Formen verbaler, körperlicher und institutioneller Gewalt beginnen auf der Mikroebene – der alltäglichen, konstanten Performance von Macht. Auch wenn sie zuerst so wirken können, als seien sie harmlos und aus Versehen passiert, ist die Relevanz von Mikroaggressionen nicht zu unterschätzen, weil sie dafür verantwortlich sind, marginalisierte Menschen klein zu halten.[68] Beispielsweise sind im Design von digitalen Benutzer*innenoberflächen, aber auch im Design von Produkten oft Mikroaggressionen eingeschrieben: Das Beispiel des rassistischen Seifenspenders hat durch ein Youtube-Video für viel Aufsehen gesorgt.[69]

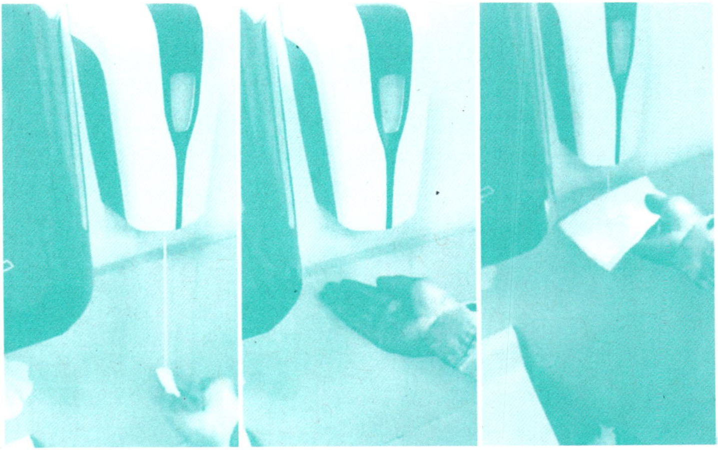

Abbildung 3:
links: Eine *weiße* Person bekommt Seife gespendet.
mitte: Eine Schwarze Person bekommt vom selben Gerät keine Seife gespendet.
rechts: Eine Schwarze Person hält ein weißes Papiertaschentuch in der Hand, auf welches Seife gespendet wird.

Die Sensoren mancher automatisierter Seifenspender auf öffentlichen Toiletten können nur die Hände *weißer* Menschen erkennen. Einige Seifenspender setzen Infrarot-Techologie ein, bei der Seife abgegeben wird, sobald der Sensor von einer hellen Oberfläche zurückgespielt wird. Infrarot-Sensoren sind kalibriert, wie es Kameras sind, das heißt, mit einer bestimmten Voreinstellung versehen. Bei dunkleren Hauttönen funktioniert die Kalibrierung nicht mehr. Es wird Schwarzen Menschen somit wesentlich erschwert, bis unmöglich gemacht, Seife zu benutzen. Auch wenn es sich nur um einen kleinen Moment handelt, zermürben diese Mikroaggressionen auf lange Sicht: "The user is, for a brief moment, reminded of their subordinate position within the matrix of domination."[70] Dieses Gefühl, nicht nur durch Menschen, sondern auch durch die von Menschen gestalteten Objekte und Systeme immer wieder Othering ausgesetzt zu sein, empfinden viele BIPoC, nicht-männliche Personen, Menschen mit Behinderung, mehrgewichtige Personen etc. in ihrem Alltag ständig und oftmals ein Leben lang.[71]

3.6
Diskriminierung durch Design — drei Beispiele

Um zu veranschaulichen, wie und in welcher Form Design an Diskriminierung beteiligt ist, werden hier drei Beispiele gezeigt. Sie stellen nur einen kleinen Ausschnitt der möglichen Diskriminierungen dar. Je mehr Differenzlinien an einer Straßenkreuzung zusammentreffen, um so schwieriger wird es auch, herauszufinden, welche Diskriminierung(en) im Design aktiv sind. Die Beispiele zeigen, wie sehr Design z.B. rassistische, sexistische und binäre, hetero-normative Werte verkörpern kann und sowohl von gesellschaftlichen Normen als auch von ästhetischen Körpernormen beeinflusst wird.

BEISPIEL 1:
DIE RASSISTISCHE JAHRBUCH-FOTOSESSION

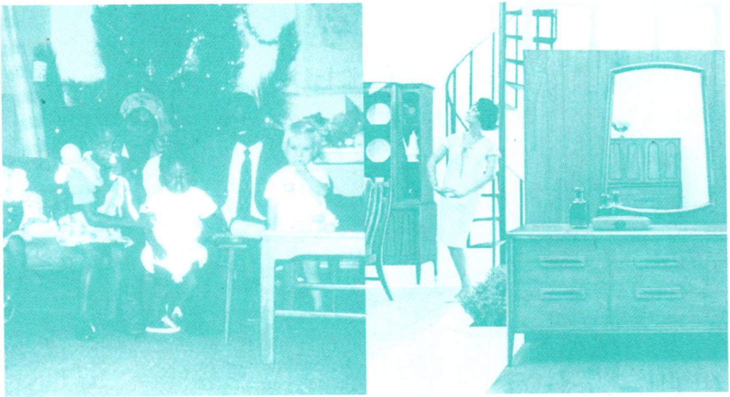

Abbildung 4:
links: Zeigt eine Familie mit *weißen* und Schwarzen Mitgliedern. Während das *weiße* Kind sehr gut erkennbar ist, sind die Gesichter der Schwarzen Menschen nahezu unerkennbar, da sie zu dunkel dargestellt werden und mit dem dunklen Hintergund verschmelzen.
rechts: Zeigt eine *weiße* Frau, die vor harmonisch ausgeleuchteten Holzmöbeln posiert.

Dieses Beispiel stammt vom Designer und Designtheoretiker Dimeji Onafuwa. Sein Schwarzer Sohn musste durch einen unachtsamen Schulfotografen Othering und damit Schmerz und Peinlichkeit erfahren, indem er sich einer gesonderten Jahrbuch-Fotosession unterziehen musste. Zuvor waren zahlreiche Versuche fehlgeschlagen,[72] weil die Kamera auf *weiße* Menschen eingestellt gewesen ist. Die Situation mit Onafuwas

Sohn reiht sich ein in eine Historie von analoger und digitaler Kameratechnik, welche auf *weiße* Menschen ausgerichtet war: Onafuwa führt diese zurück bis zur rassistischen Kalibrierung von Kodak-Analog-Filmen. Jahrzehntelang waren die Kodak Belichtungs-Farbkarten, genannt *Shirley Cards* – nach der ersten darauf abgebildeten *weißen* Frau und Kodak-Mitarbeiterin[73] – nur auf die Hauttöne *weißer* Menschen ausgerichtet, was dazu führte, dass BIPoC signifikant schlechter auf Fotos erkennbar waren. Das System wurde erst umgestellt, um Brauntöne besser abzubilden, nachdem sich Artdirektor*innen beschwert hatten, die ihre braunen Polster- und Holzmöbel besser zur Geltung bringen wollten. Daraufhin passte Kodak 1986 die Kontraste auf dem dunklen Farbspektrum an. Nicht etwa, um die rassistische Kodierung zu verändern.[74]

Die Problematik wiederholt sich heute in der digitalen Kameratechnik mit Belichtungseinstellungen und wird in der digitalen Bilderkennungstechnologie sogar noch verstärkt. Der Sensor einer Digitalkamera kann in verschiedenen Voreinstellungen genutzt oder neu kalibriert werden, um die Farbdarstellung und den Kontrastreichtum der Bilder zu beeinflussen. Ich selbst erinnere mich daran, wie in meinem Bachelorstudium im Fach ‚Digitale Fotografie' ausführlich die Bildbearbeitung von Hauttönen geübt wurde, wir jedoch nur die Vergleichswerte von *weißen* Menschen lernten.

BEISPIEL 2:
DER TRANSFEINDLICHE KÖRPERSCANNER

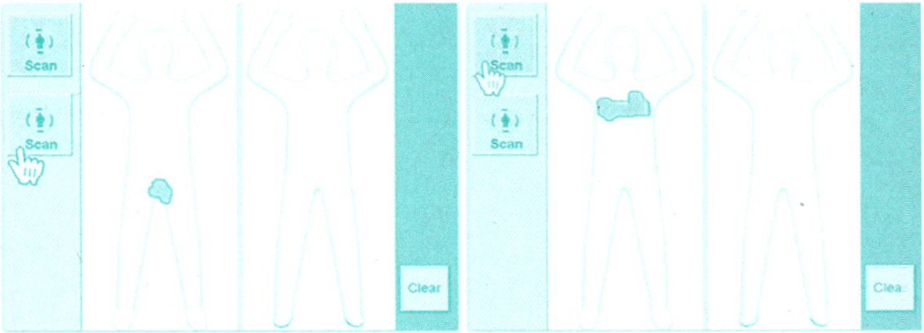

Abbildung 5 und 6:
Die Abbildungen zeigen das Interface der Millimeterwellenscanner, auf denen die von cis-Normen abweichenden Körperbereiche gekennzeichnet sind. Wie man sieht, wählt dabei das Sicherheitspersonal in rot und blaugekennzeichnet entweder ‚männlich' oder ‚weiblich' aus.

Sasha Costanza-Chock[75] beschreibt im folgenden Beispiel, welches Unbehagen und welchen Stress eine Sicherheitskontrolle am Flughafen für sie als trans Person bedeutet:

> "(...) my heartbeat speeds up slightly as I near the end of the line, because I know that I'm almost certainly about to experience an embarrassing, uncomfortable, and perhaps humiliating search by a Transportation Security Administration (TSA) officer, after my body is flagged as anomalous by the millimeter wave scanner."[76]

Sier schildert, dass das Sicherheitspersonal am Scanner je nach persönlicher Einschätzung für den Scanprozess weiblich oder männlich auswählt. In beiden Auswahl-Modi wird Costanza-Chocks queerer Körper als abnormal gekennzeichnet. Im Abgleich mit der binären Datenbank ist in der Kategorie 'männlich' der Brustbereich, in der Kategorie 'weiblich' die Leistengegend mit einer Warnung versehen. Costanza-Chock wird so immer als Sicherheitsrisiko markiert und im nächsten Schritt weiter untersucht. Costanza-Chock betont die eigenen Privilegien, die sie als *weiße* Person in diesem Prozess gleichzeitig innehat.[77] Diese Schilderung aus deren persönlichen Leben zeigt, wie sich die dominanten Systeme mit ihren Grundsätzen, Normen und Werten in Designobjekten und Technik manifestieren und diese Artefakte so politisch werden.

BEISPIEL 3:
DER SEXISTISCHE DUMMY

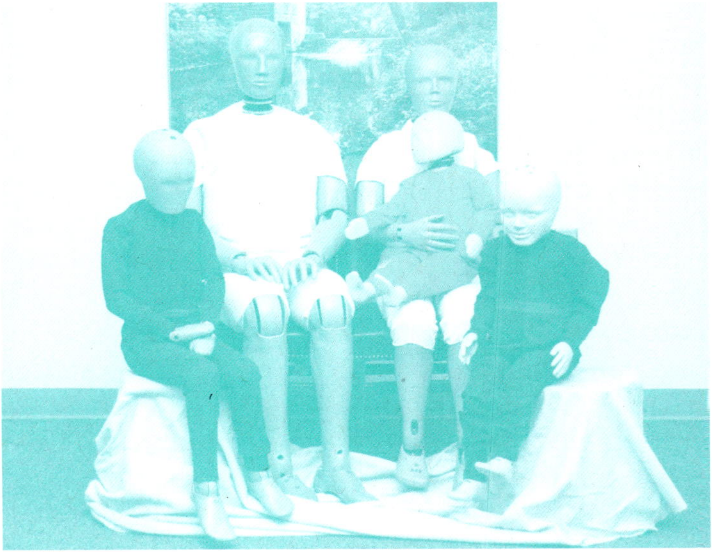

Abbildung 7:
Dummy-Modelle der Serie Hybrid III, wie ein Familienfoto angeordnet.

Dieses Beispiel ist in den letzten Jahren immer wieder in Berichten aufgetaucht, da seine Folgen so drastisch sind: Die Chance, sich bei einem Autounfall schwer zu verletzen, ist für Frauen um 47 Prozent höher als für Männer.[78] Für einen Unfalltod stehen die Chancen für weibliche Körper sogar 17 Prozent höher als für männliche Körper unter gleichen Bedingungen.[79] Das ist nach der deutschen Autorin, Journalistin und Podcasterin Rebekka Endler auf das Design von Crash-Test-Dummys zurückzuführen, die die Sicherheitsvorkehrungen in Autos bestimmen und bei deren Gestaltung bis heute vom *Normkörper* eines cis-Mannes ausgegangen wird.[80] Das verbreitetste Dummy-Modell *Hybrid III* wurde 1976 von General Motors (GM) vorgestellt.[81] Das Titelbild, das Varianten dieses Dummys zeigt, wurde von unbekannten GM-Mitarbeiter*innen angefertigt. Die Nachstellung eines Familienfotos entlarvt die gesellschaftlichen Vorstellungen einer heteronormativen Kernfamilie, die die Mitarbeiter*innen verinnerlicht haben. Es ist nicht bekannt, ob es sich um einen Scherz oder ein offizielles Foto handelt. Der Effekt bleibt derselbe: Die normativen Annahmen der Entwickler*innen schreiben sich eins zu eins in das Produkt ein und setzen sich darin fort, wie es angewandt werden kann, welche Funktion es erfüllen kann und wen es repräsentiert.

Nach wie vor basiert der am häufigsten genutzte Dummy auf den Körperdaten eines US-amerikanischen Durchschnittsmannes der siebziger Jahre. Für eine weibliche Version des Dummys haben die männlichen Entwickler damals einfach den männlichen Dummy kleiner skaliert. Dieser entspricht jedoch nicht den Durchschnittsdaten einer Frau dieser Zeit, sondern dem Körper eines 12jährigen Mädchens. Der Dummy ist 149cm groß und wiegt 48kg, damit repräsentiert er — anders als die männliche Version — die kleinsten und leichtesten 5% aller Frauen der USA der Siebziger.[82] Der Dummy entspricht so eher der männlichen Fantasie einer *idealen* Frau, als einer Durchschnittsfrau. Die schwedische Forscherin Astrid Linder arbeitet mit ihrem Team an einem Dummy, der eine Durchschnittsfrau repräsentiert. Damit diese jedoch genutzt werden, braucht es Sicherheitsvorschriften für die Autohersteller und die diversen Dummys müssen in den Tests der lokalen Sicherheitsbehörden verwendet werden.[83]

Intersektional betrachtet sind die Folgen der Dummy-Normierung noch viel weitreichender und umspannen beispielsweise auch mehrgewichtige oder alte Menschen. Auch in diesen Gruppen ist das Verletzungsrisiko wesentlich höher, da Sitze, Sicherheitsgurte und andere Einrichtungen auf junge, dünne Körper angepasst sind.[84]

Anhand der ersten beiden Beispiele könnte man meinen, dass nur im Technikbereich die Normen der Entwickler*innen und Designer*innen vertreten sind,[85] doch auch im Produktdesign und anderen Designbereichen liegen diskriminierende Designs ebenso klar vor. In Bereichen wie Produktdesign gibt es bisher noch weniger Auseinandersetzung mit den inhärenten benachteiligenden Strukturen. Das könnte an der Unschuldsvermutung liegen, unter der Design eher steht als die Technikbranche. Benachteiligungen in der digitalen Technik wirken sich derzeit besonders stark auf das Leben von Menschen aus, da sie oft direkt und indirekt mit bürokratischen Repressalien verbunden sind. Diese haben mitunter direkte Auswirkungen darauf, wie lange die Haftstrafe einer Person ausfällt, oder wie die Chancen auf das Finden eines neuen Jobs vom Amt eingeschätzt werden.[86] Um die Vielfältigkeit der Diskriminierungsmöglichkeiten sichtbar zu machen, wird hier der Designbegriff weit gefasst und nicht auf eine einzelne Disziplin beschränkt. Denn gleichzeitig hat

Design ohne Sensibilisierung auch im Produktdesign gravierende Folgen: Am Beispiel der Crash-Test-Dummys wird deutlich, wie Design direkt Einfluss auf Leben und Tod nimmt.

Keinesfalls sind Designer*innen allein für diskriminierende Objekte und Vorgänge verantwortlich, diese entstehen in der Zusammenarbeit mit vielen anderen Berufsgruppen. Jedoch nehmen Designer*innen eine zentrale Rolle am Anfang des Entstehungsprozesses ein. Sie sind nicht nur ausführende Organe, sondern Akteure, die Verantwortung tragen und deshalb mitdenken müssen, wie die von ihnen gestalteten Objekte und Werkzeuge (z.B. Kodak-Filme; aber auch A/B-Testings, siehe Kapitel 4) wirken.

1 Vgl. Jesko Fezer, *Parteiisches Design,* 2019, http://howto.gestaltungsberatung.org/pdf/parteiisches_design_jesko_fezer.pdf, [zuletzt 10.03.21].

2 Nina Paim und Claudia Mareis, *Design Struggles – An Attempt to Imagine Design Otherwise,* in: Nina Paim und Claudia Mareis (Hg.), Design Struggles – Intersecting Histories, Pedagogies, and Perspectives, 2021, 12.

3 Definition des Instituts für Materielle Kultur der Universität Oldenburg, https://uol.de/materiellekultur [zuletzt 4.5.2023].

4 Sasha Costanza-Chock, *Introduction: #TravelingWhileTrans, Design Justice, and Escape from the Matrix of Domination,* in: Design Justice, 2020, https://design-justice.pubpub.org/pub/ap8rgw5e, [zuletzt 10.04.2021].

5 Anne-Marie Willis, *Ontological Designing,* in: Design Philosophy Papers 4, no. 2, 2006, 80–98.

6 Ebd., 80.

7 Arturo Escobar, *Designs for the Pluriverse – Radical Interdependence, Autonomy and the Making of Worlds,* 2018.

8 Ebd., 52.

9 Kimberlé Crenshaw, *Demarginalizing the Intersection of Race and Sex,* 1989, 167.

10 Der Plural von ‚Welt' wird hier in Anlehnung an Theorien des Indigenen Wissens verwendet.

11 Arturo Escobar, *Autonomous Design and the Emergent Transnational Critical Design Studies Field,* in: Nina Paim und Claudia Mareis (Hg.), Design Struggles – Intersecting Histories, Pedagogies, and Perspectives, 2021, 28.

12 Nina Paim und Claudia Mareis, *Design Struggles – An Attempt to Imagine Design Otherwise,* 2021, 16.

13 Ebd., 14.

14 Ebd., 15.

15 Ebd.

16 Ece Canlı und Luiza Prado de O. Martins, *Design and Intersectionality,* 2017, 4-5.

17 Elisabeth 'Dori' Tunstall, *Decolonizing Design Means Dismanteling the Racist Bias in the European Modernist Project,* in: Decolonizing Design, A Cultural Justice Guidebook, 2023, 60.

18 Marjanne van Helvert (Hg.), *The Responsible Object: A History of Design Ideology for the Future,* 2016.

19 Marjanne van Helvert, *Introduction – A History of Design for the Future,* in: The Responsible Object, Marjanne van Helvert (Hg.), 2016, 14-21.

20 Anthony Dunne und Fiona Raby, *Critical Design FAQ,* 2005, http://dunneandraby.co.uk/content/bydandr/13/0, [zuletzt 19.03.2021].

21 Ebd.

22 Marjanne van Helvert, *Introduction – A History of Design for the Future,* 2016, 22.

23 Vgl.: Martha Scotford, *Messy History vs. Neat History, Toward an Expanded View of Women in Graphic Design,* in: Visible Language, 1994.

24 Jesko Fezer, *Parteiisches Design,* 2019, 9.

25 Ebd.

26 Ebd., 6.

27 Vgl.: Marjanne van Helvert (Hg.), *The responsible Object: A History of Design Ideology for the Future,* 2016.

28 Alice Rawsthorn, *Design as an Attitude,* 2018.

29 Ebd., 73-74.

30 Ebd., 74.

31 Alice Rawsthorn, *Design's Color Problem,* in: Design as an Attitude, 2018, 79.

32 Ebd.

33 Nina Paim und Claudia Mareis: *Design Struggles – An Attempt to Imagine Design Otherwise,* 2021, 13.

34 Vgl.: *Dr. Dori Tunstall on Respectful Design: Models for Diversity, Inclusion, & Decolonization,* Mozilla, Liveübertragung vom 18.08.2020, https://www.youtube.com/watch?v=oaesVb7O38s [zuletzt 21.02.2021].

35 Vgl.: Escobar, Arturo, *Autonomous Design and the Emergent Transnational Critical Design Studies Field,* in: Strategic Design Research Journal, 11(2), 2018.

36 Interessant hierzu ist z.B. Imad Gebrayels Perspektive, aus der er beschreibt, wie sehr dem Designunterricht an der Kunsthochschule Wissenschaftlichkeit und Angewandtheit fehle und wieso er sich entschieden hat, als Designer eine ethnologische Doktorarbeit zu schreiben. siehe: Podcast: Christian Zöllner, *05: Hurra Hurra x Imad Gebrayel,* Hurra Hurra - ein Designpodcast der Burg, 2020, https://hurrahurra.podigee.io/5-imad-gebrayel, [zuletzt 11.03.2021].

37 Ein Beispiel für eine studentische Initiative, die die Designlehre kritisieren, ist die Gruppe „Eine Krise bekommen" an der UDK Berlin. Vgl.: Destina Atasayar, Sarah Böttcher, Katharina Brenner, Lucie Jo Knilli, Luisa Herbst (Hg.): *Eine Krise bekommen,* 2021.

38 Adolf Loos wurde zu Lebzeiten für Gewalt und sexuelle Nötigung an minderjährigen Frauen verurteilt. Jahrzehntelang wurde dies verschwiegen und seine teils stark rassistischen Texte gelten vielerorts immer noch als Standard in der Architektur- und Designtheorie. Vgl.: Sabine Rückert und Andreas Sentker, *Die Kriminalakte Adolf Loos,* Podcast: Architektur und Verbrechen, 8.9.2020, https://www.zeit.de/gesellschaft/2020-09/architektur-adolf-loos-paedophilie-verbrechen-podcast, [zuletzt 10.06.2023].

39 Ein Beispiel für eine Gruppe ist das Design Justice Network, https://designjustice.org/ [zuletzt 10.04.2021], Ein Beispiel für eine Publikation ist Rawsthornes Buch *Design as an Attitude*, 2018.

40 Vgl.: Sasha Costanza-Chock, *Design Practices: "Nothing about Us without Us."*, in: Design Justice, erste Auflage, 2020, https://design-justice.pubpub.org/pub/cfohnud7, [zuletzt 10.04.2021].

41 Vgl.: Ece Canlı und Luiza Prado de O. Martins, *Intersectional Perspectives on Design, Politics and Power*, Malmö, 2016, https://www.decolonisingdesign.com/wp-content/uploads/2017/06/Canli-Prado_Design-and-Intersectionality.pdf [zuletzt 10.04.2021].

42 Jan Boelen und Michael Kaethler (Hg.), *Social matter, social design: For good or for bad, all design is social design*, 2020.

43 Ebd. 11.

44 Ebd. 13.

45 Ebd. 15.

46 Tristan Schultz, u.a., *What Is at Stake with Decolonizing Design? A Roundtable*, 2018, 89.

47 Ebd.

48 Ebd.

49 Die Öffentliche Gestaltungsberatung St. Pauli ist ein seit 2011 existierendes Projekt von Prof. Jesko Fezer und seinen Studierenden, das sich an Menschen und Initiativen aus der Nachbarschaft richtet, die sich kein professionelles Design leisten können. Für sie wird eine wöchentlich stattfindende Designsprechstunde organisiert.

50 Vgl.: https://ort-der-verbundenheit.org/ [zuletzt 10.04.2023].

51 Vgl.: Sheena Erete, Aarti Israni, und Tawanna Dillahunt, *An Intersectional Approach to Designing in the Margins*, 2018, https://interactions.acm.org/archive/view/may-june-2018/an-intersectionalapproach-to-designing-in-the-margins, [zuletzt 13.02.2021].

52 Vgl.: Horst W. J. Rittel und Melvin M. Webbers, *Dilemmas in a General Theory of Planning*, Policy Sciences, Vol. 4, No. 2, 1973, 155-169.

53 Vgl.: Tema Okun und dRworks, *White Supremacy Culture*, 1999, https://www.whitesupremacyculture.info/uploads/4/3/5/7/43579015/okun_-_white_sup_culture_2020.pdf, [zuletzt 10.04.2023].

54 http://howto.gestaltungsberatung.org/, Redaktion und Gestaltung: Jesko Fezer, Felix Egle, Tina Henkel, Marie-Theres Böhmker, Dennis Nedbal, Anna Unterstab [zuletzt 10.04.2023].

55 Ece Canlı und Luiza Prado de O. Martins, *Design and Intersectionality – Material Production of Gender, Race, Class–and Beyond*, 2017, https://www.decolonisingdesign.com/wp-content/uploads/2017/06/Canlı-Prado_Design-and-Intersectionality.pdf [zuletzt 01.02.2021], 3-4.

56 Ebd., 5.

57 Joanna Boehnert und Dimeji Onafuwa, *Design as Symbolic Violence: Reproducing the 'isms' + A Framework for Allies*, Intersectional Perspectives on Design, Politics and Power, 2016, http://www.decolonisingdesign.com/wp-content/uploads/2017/06/Boehnert_Onafuwa_Design-as-Symbolic-Violence.pdf, [zuletzt 09.02.2021].

58 Pierre Bourdieu, *Distinction: A Social Critique of the Judgement of Taste*, 2010.

59 eigene Übersetzung, Joanna Boehnert und Dimeji Onafuwa, *Design as Symbolic Violence*, 2016, 1.

60 Ebd., 13-14.

61 Ebd. 3.

62 Paola De Martin, *Give us a Break! Arbeitermilieu und Designszene im Aufbruch*, 2022.

63 Eb., 19.

64 Joanna Boehnert und Dimeji Onafuwa, *Design as Symbolic Violence*, 2016, 3.

65 Sue Derald Wing, Christina M. Capodilupo, Gina C. Torino, Jennifer M. Bucceri, Aisha Holder, Kevin L. Nadal und Marta Esquilin, *Racial Microaggressions in Everyday Life: Implications for Clinical Practice*, in: American Psychologist 62, no. 4, 2007, 271.

66 Sasha Costanza-Chock, *Design Values: Hard-Coding Liberation?* 2020.

67 Ebd.

68 Ebd.

69 Das Video heißt *Whites Only* und wurde 2015 auf Youtube hochgeladen: https://www.youtube.com/watch?v=WHynGQ9Vg30 [zuletzt 27.03.2021].

70 Sasha Costanza-Chock, *Design Values: Hard-Coding Liberation?* 2020.

71 Ebd.

72 Dimeji Onafuwa, *Allies and Decoloniality: A Review of the Intersectional Perspectives on Design, Politics, and Power Symposium*, 8.

73 Vgl.: Mandalit del Barco, *How Kodak's Shirley Cards Set Photography's Skin-Tone* Standard, npr, 2014, https://www.npr.org/2014/11/13/363517842/for-decades-kodak-s-shirley-cards-set-photography-s-skin-tone-standard, [zuletzt 20.03.2021].

74 Vgl.: Anne Chang, *Tech & Ethics: Exclusion in Photos and Media*, Berkeley Global Society, 02.03.2021, https://berkeleyglobalsociety.com/en/perspectives/tech-ethics-exclusion-in- photos-and-media/ [zuletzt 13.03.2021].

75 Sasha Costanza-Chock benutzt sowohl sie/ihr, als auch nicht-binäre Pronomen. In diesem Text wird die Nutzung weiblicher und nicht-binärer Pronomen gemischt, wie auch in den eigenen Texten von ihr.

76 Sasha Costanza-Chock, *Introduction: #TravelingWhileTrans, Design Justice, and Escape from the Matrix of Domination*, in: Design Justice, erste Auflage, 2020, https://design-justice.pubpub.org/pub/ap8rgw5e, [zuletzt 10.04.2021].

77 Ebd.

78 Rebekka Endler, *Das Patriarchat der Dinge: Warum die Welt Frauen nicht passt, 2021*, 141 (eBook).

79 Leider sind diese Daten im "Gender Data Gap" noch sehr gender-binär aufgestellt.

80 Rebekka Endler, *Das Patriarchat der Dinge: Warum die Welt Frauen nicht passt, 2021*, 141 ff. (eBook).

81 Carolina Schwarz, *„Die Datenlücke tötet Frauen" – Interview mit Caroline Criado-Perez*, taz, 27.5. 2020, https://taz.de/Gender-und-Wissenschaft/!5685021&s/. [zuletzt 18.02.2021]

82 Shiona McCallum, *The crash dummy aimed at protecting women drivers*, 28.10 2022, https://www.bbc.com/news/technology-62877930, [zuletzt 11.05.2023]

83 Ebd.

84 Alexandra Larkin, *Crash-test dummies are older and fatter – just like many Americans* https://edition.cnn.com/2014/10/23/tech/innovation/obese-crash-test-dummies-mci/index.html, [zuletzt 11.05.2023]

85 Jacqueline Shaw, *Towards an Intersectional Praxis in Design*, 2019, 10.

86 Diese und weitere Zusammenhänge werden im Video *"Future Tense: AI from the Margins"* von Nakeema Stefflbauer und Nushin Yazdani dargestellt. https://nushinyazdani.com/Future-Tense-AI-from-the-margins, [zuletzt 13.02.2021].

4.
DESIGN ALS WIDERSTÄNDIGES WERKZEUG

Es ist deutlich geworden, dass Design seit jeher Produzent von Unterdrückung ist und an der Aufrechterhaltung von Rassismus, Klassismus, Heteronormativität, Sexismus, Xenophobie und Ableismus beteiligt ist und zu (Neo)Kolonialismus und *weißer* Vorherrschaft beiträgt, aktiv wie passiv. Das ganze Ausmaß des Problems zu erahnen, kann als Designer*in zu Identitätskrisen führen und lähmen. Mit einem intersektionalen Blick lassen sich diese Verstrickungen aufarbeiten und Alternativen finden. Design kann so zu einem Werkzeug werden, um gezielt die Machtverhältnisse herauszufordern. Design kann Sichtbarkeit und Diversität fördern und einfordern und Intersektionalität auf anderer als nur der theoretischen Ebene vermitteln. Design kann Geschichten erzählen, die von der Normativität abweichen, alternative Zukünfte erlebbar machen, verletzende Techniken und Tools verändern und Menschen zur Selbstbestimmung anregen, anstatt sie zu bevormunden. Design kann Empowerment und Aktivismus unterstützen.

Im Folgenden werden einige kritische Denkansätze genauer vorgestellt, um einen Einblick in die Potentiale intersektional informierten Designs zu geben: die Plattform Decolonising Design, die Designrichtung Respectful Design und die Bewegung Design Justice und ihre jeweiligen Sichtweisen auf Intersektionalität. Mit letzterem eng gekoppelt ist der Bezug auf dekoloniale Theorie und Praxis, den alle Gruppen teilen[1].

Dekoloniale Praxis ist der von indigenen Menschen geführte Kampf gegen die Folgen der Kolonialisierung und die Befreiung von diesen. Áile Aikio, samische

Kuratorin und Museumsexpertin, beschreibt Kolonialisierung als fortlaufenden Prozess, der letztlich darauf abzielt, indigene Völker zu eliminieren.[2] Dieser Prozess wird sichtbar in der Inbeschlagnahme des Landes indigener Völker (z.B. durch den Abbau von Rohstoffen und der daraus resultierenden, unwiderruflichen Umweltzerstörung), und in der Unterdrückung ihrer Sprache und Kultur (zum Beispiel durch das staatlich angeordnete Zwangsbeschulen von indigenen Kindern in Internaten).[3]

Für die Definition von Dekolonialisierung orientiere ich mich an dem argentinischen Literaturwissenschaftler Walter D. Mignolo, da sich die hier zitierten Autor*innen auf ihn beziehen. Mignolo unterscheidet in seinem Buch „Epistemischer Ungehorsam" zwischen Postkolonialität und Dekolonialität:

> „Der 'Dekolonialismus' versteht sich als Intervention, als eingreifende Praxis: So wie die Länder vom Kolonialherren befreit wurden, gilt es Wissenschaft, Denken und Alltagspraxen von Kolonialität zu befreien. [...] Wissen und Praktiken lassen sich dekolonialisieren, aber nicht post-kolonialisieren".[4]

In der Designtheorie ist in den letzten Jahren eine neue, kollektive Bewegung zu beobachten: Es haben sich eine Reihe feministischer und dekolonialer digitaler Plattformen und Kollektive gegründet. Besonders hervorzuheben sind hier die Texte, Kurse und Community von *Futuress*[5], die Kurse von *BIPoC Design History*[6] und die kollektive Textsammlung von *Teaching Design*.[7] Ihr Ziel ist es, sich international zu vernetzen, gemeinsam

Texte zu veröffentlichen, kollektiv Kritik zu üben und Alternativen vorzuschlagen. Eine weitere wichtige Ressource in diesem Themenbereich bilden die Artikel von Anoushka Khandwala, veröffentlicht zumeist auf AIGA Eye of Design. Hier kommen verschiedene Designer*innen miteinander ins Gespräch und tauschen sich auf praktischer und theoretischer Ebene über Design, ihre Positionalitäten und politische Theorie aus.[8] In diesem Zuge ist auch Ramon Tejada zu nennen, der mit seinen stetig wachsenden, von allen editierbaren *Decolonizing Design Readern*[9] eine nicht-exklusive Wissensproduktion fördert.

4.1 Decolonising Design Plattform

Die Plattform Decolonising Design (DD) wurde hier ausgewählt, da die Gruppe 2017 das zweitägige Symposium "Intersectional Perspectives on Design, Politics and Power" in der School of Arts and Communication (K3) der Malmö University organisiert und kuratiert hat. Diese Veranstaltung brachte einige der wichtigsten Stimmen zu Intersektionalität und Design zusammen und verortete so das Thema erstmals direkt in der Designtheorielandschaft. Die in diesem Zusammenhang erschienenen Texte und Materialien bilden eine umfassende Grundlage, auf die sich viele der später erschienenen Texte stützen und Bezug nehmen. Die acht Gründungsmitglieder Ahmed Ansari, Danah Abdulla, Ece Canlı, Mahmoud Keshavarz, Matthew Kiem, Pedro Oliveira, Luiza Prado und Tristan Schultz haben bereits seit 2016 auf einer digitalen Plattform[10] Texte zu kritischer Designtheorie veröffentlicht. Einige ihrer Texte hat die Gruppe kollektiv herausgegeben, auf der Plattform bloggen jedoch auch einzelne Mitglieder und Gastautor*innen. Mittlerweile erfüllt die Website eher die Funktion eines Archivs, da dort seit einigen Jahren keine neuen Beiträge erschienen sind. Allerdings sind die Mitglieder nach wie vor einzeln aktiv, beispielsweise Luiza Prado De O. Martins mit dem Seminar "Poetics of Anti-Colonial Joy" an der Universität der Künste Berlin[11].

Ihre Motivation für das Gründen der Plattform beschreibt die Gruppe folgendermaßen: "(...) born out from a general frustration with how design ontologies and epistemologies are constituted and validated within and outside academia."[12] Ihrem Editorial zufolge sind bis auf wenige Ausnahmen Designtheorie, -praxis und -pädagogik nicht in der Lage, das Wissen zu vermitteln, das notwendig ist, um die herrschenden Machtstrukturen (in und durch Design) zu verstehen und zu verändern.[13] Sie kritisieren den Status quo in der Designszene, den sie *Mainstream-Designdiskurs* nennen, als euro- und anglozentrisch, und weisen darauf hin, dass darin alternative und marginalisierte Diskurse untergehen. Um dies zu verändern, sei ein größerer Fokus auf nicht-westliche Denk- und Lebensformen notwendig, welcher über den akademischen Diskurs hinausgeht und die Rolle des Designs in der kapitalistischen Weltwirtschaft erforscht und kritisiert.

Laut DD können Designer*innen ihre Fähigkeiten nutzen, um alternative Zukunftsvisionen zu entwerfen, in denen verschiedene Formen von Wissen und Welten nebeneinander existieren und in denen menschliche und nicht-menschliche Wesen sich miteinander entfalten können. Dekolonialisierung wird hier nicht als ein Ansatz von vielen, sondern – ähnlich wie Intersektionalität – als Fundament verstanden. "Rather, it is a fundamental imperative to which all design endeavors must be oriented."[14]

Die Positionen in der Gruppe, was Dekolonialisierung bedeutet, und was das Ziel von DD ist, variieren.[15] Die Vielstimmigkeit wird in ihrem "Roundtable"-Text sichtbar, der auf einem Gruppenchat basiert, in dem jedes Mitglied zu Wort kommt. Decolonising Design wird darin als Bewegung ohne Endpunkt[16] beschrieben und als politisches Projekt mit der Aufgabe, Dekolonialität richtig zu vermitteln: als Subversion und Transformation von eurozentrischem Denken und Wissen, bei der Wissen *für* und *mit*, anstatt *über* andere Menschen produziert wird.[17] Dabei sei eine Abkehr vom designtypischen problemlösenden Denken wichtig. Nach Luiza Martinez de O. Prado ist Dekolonialisierung eine tägliche Praxis, die dabei hilft, die eigenen gefestigten Handlungs- und Denkweisen zu hinterfragen. Prado schreibt:

> "... [it is a practice] that requires us to challenge how we speak, to whom we are speaking, and how. (...) A decolonial politics must be a feminist politics; otherwise, we risk reinforcing the same structures that we set out to deconstruct."[18]

In einem solchen Vorgehen sieht Ece Canlı die Möglichkeit, bestehende Machtverhältnisse zu untergraben[19]. Sie schlägt zwei Strategien des Unlearning vor, um Design zu dekolonialisieren: Rückgängigmachen *(undoing),* sowie Entkoppeln *(de-linking).*[20] Ersteres ist ein Verweigern, durch Design weiterhin dazu beizutragen, dass manche Körper privilegiert werden, während andere unterdrückt werden und ein klassischer Begriff aus den Gender-Studies. Das Entkoppeln handelt zum einen davon, Techniken und Theorie, die man über Design (hauptsächlich an den Design-Universitäten) gelernt hat, wieder zu *verlernen,* sowie die Problematik von humanitären Designbestrebungen (d.h. Social Design) zu verstehen.

Prado und Canlı haben aus Anlass der Konferenz den Text "Opening Remarks on Intersectionality and Design"[21] geschrieben, in dem sie den Fokus speziell auf das Potential von Intersektionalität als Analyserahmen für kritische Betrachtung von Design legen. Es handele sich um eine Metatheorie und Metapher, die viele andere Felder beeinflusse. So weisen sie auf die Gefahr hin, die Welt in binäre Logiken aufzuteilen, wie primitiv/zivilisiert, Mann/Frau, Natur/Kultur. Allzu oft passiere es auch innerhalb der eigenen Gruppe, in solche Denkmuster zu verfallen und stereotypische Bilder zu reproduzieren, statt sie zu überwinden. Deshalb müssen Designer*innen Prado und Canlı zufolge auch untersuchen, wie Design die Binaritäten Inklusion und Exklusion, Privilegien und Unterdrückung, sowie soziale Ausgrenzung reproduziert und in Form von Artefakten, Orten und Technologien manifestiert.

> "Design is a discipline deeply entangled in the dynamics of inequality. It enacts and enforces them; it is both a producer of these mechanisms, and is informed by them."[22]

Canlı und Prado stellen anhand von Beispielen dar, inwiefern Design Menschen in Kategorien einteilt, beispielsweise durch binär gegenderte Toiletten, wo ein Schild an der Tür bestimmt, welche Menschen diese betreten dürfen.[23] Somit werden nicht-binäre Menschen unsichtbar gemacht und diskriminiert und Cis-Normativität wird durch Design in der Gesellschaft manifestiert. Diese Prozesse nennen die Autorinnen „materielle Ko-Inszenierungen von Design und Politiken."[24] Über seine Normen reproduzierende Wirkung hinaus ist Design außerdem Teil der kapitalistischen Wirtschaftskreisläufe und Rückgrat von Produktion und Konsum. Auch hier sehen Prado und Canlı einen direkten Zusammenhang zu Intersektionalität, da die meisten Güter, die von uns heute konsumiert werden, im globalen Süden größtenteils von Mädchen und Frauen of Color, die von Klassismus betroffen sind, produziert werden. Diese Arbeiterinnen und Produzentinnen der Designobjekte, die in der „unermüdlichen Gestaltungsmaschine"[25] entworfen werden, sind betroffen von allen drei Differenzkategorien: Klasse, *race* und Gender.[26] Mit diesem Aspekt der körperlichen und materiellen Arbeit, die Design und insbesondere Modedesign zu Grunde liegt, beschäftigt sich auch Vivien Tauchmann in ihren Arbeiten. Mit Bezug auf Walter D. Mignolo fordern die Autorinnen eine Neuordnung für die Art und Weise, wie wir Design begreifen ("a radical epistemological shift"[27]): Einen Wandel, der nicht nur den Inhalt der Diskussion ändert, sondern auch die Rahmenbedingungen. Für dieses nur kollektiv zu bewerkstelligende Unterfangen müssen wir uns als Designer*innen nach Canlı und Prado gegenseitig herausfordern und hinter die Kulissen schauen. Die objektlose, körperliche, kollektive Gestaltungspraxis von Vivien Tauchmann kann beispielhaft als solch eine Rollenverschiebung verstanden werden.

Interview Vivien Tauchmann

22.01.2021
120 min.
Teil 1 von 1

AU
Wann und wodurch hast du begonnen, Design zu hinterfragen?

VT
Das habe ich das erste Mal in der Tat in meinem Bachelor-Studium getan – ohne dass ich mich damals schon im Detail mit Theorien auseinandergesetzt hatte. Als ich in meinem Bachelor Modedesign an der Fakultät für Angewandte Kunst in Schneeberg studiert habe, gab es mehrere Situationen, in denen ich zwölf Stunden lang hinter der Nähmaschine gesessen habe, weil ein Studienprojekt fertig werden musste. Dieser Unidruck, so lange am Stück an der Nähmaschine zu sitzen und die gleichen monotonen Bewegungen zu machen, hat sich bei mir eingeprägt. Und als Studierende damals hat es sich so angefühlt, dass man das machen muss, weil davon die Existenz abhängt, was natürlich Quatsch ist. Gleichzeitig habe ich mich dann noch intensiver mit der Modeindustrie und Lieferketten und diesen Dingen auseinandergesetzt. Im Modedesign-Studium habe ich mich gefragt, was der Nutzen davon ist, wenn ich jedes halbe Jahr eine neue Kollektion zu einem aktuellen Thema entwerfe. Sehr viele textile Designer*innen und Modedesigner*innen leisten unglaublich großartige Arbeit und textile Kunst ist ein

wichtiges kulturelles Element. Aber für mich persönlich entstand irgendwann der innere Konflikt, dass ich dazu nicht mehr beitragen will. Objekte sind am Ende auch meistens nur Konsumgüter. Ich habe festgestellt, dass ich viele von diesen nicht brauche. Das heißt, dass vielleicht auch andere das nicht brauchen. Ich will nicht mehr weiter dazu beitragen, dass unnötig Ressourcen verschwendet werden und darüber hinaus verdammt viele Menschen in der Produktion leiden. (...)

AU

Ich war Teilnehmende bei deinem Workshop "Self-As-Other-Training: Household" beim How-to-Work-Festival. Bei diesem haben wir gemeinsam abstrakte Bewegungen über Zoom ausgeführt und erst im Prozess habe ich langsam verstanden, dass es sich um Putzbewegungen handelt. Mir ist dabei schnell warm geworden und schon nach ein paar Minuten wurde es anstrengend. Das hat mich verunsichert und zum Nachdenken gebracht. Was bedeutet Empathie in deinem Designverständnis und welche Rolle spielt sie in deinen Arbeiten?

VT

Empathie spielt auf jeden Fall eine große Rolle in meiner Arbeit. In meiner persönlichen Definition ist Empathie etwas anderes als ein weichgespültes In-jemand-anderen-hineinversetzen, von wegen: ‚Jetzt verstehe ich voll die Lebensrealität und so ... .' Empathie kann etwas sehr Übergriffiges haben, von wegen: 'Wenn ich genug Empathie habe, dann *weiß* ich, wie ich anderen Menschen helfen kann.' Denn das funktioniert so einfach nicht. Empathie bedeutet für mich eher, Komplexitäten zu verstehen. Die Fähigkeit zu haben, mir vorzustellen (oftmals nur im Ansatz), wie vielleicht die Lebensrealität eines anderen Menschen ist und vor allem die Bereitwilligkeit mitzubringen, dem zuzuhören und mich dem zu öffnen und das auch immer im Dialog mit meiner eigenen Lebensrealität zu betrachten und nicht isoliert. Ich sehe Empathie als einen inneren und äußeren Dialog. Es ist außerdem eine Sache, die etwas sehr Körperliches hat. Körpererfahrungen prägen unsere Realität und unsere Wahrnehmung.

Um nochmal zu dem Beispiel zu kommen: Als ich für meine Bachelor-Arbeit an dieser Nähmaschine saß, habe ich eine Art von Verständnis dafür bekommen, wie es für einen Menschen sein könnte, der in einer Fabrik an einer Nähmaschine sitzt und das zwölf Stunden am Tag macht. Diese Realität werde ich niemals voll erfahren können, weil ich nie bei schwelender Hitze in einer Fabrik, z.B. in der Türkei, in Bangladesch oder in anderen Produktionsstätten saß. Ich habe eine sehr privilegierte Position, dass ich so einen Job nicht machen muss. Aber meine Vorstellungskraft kann mich dafür sensibilisieren. Empathie ist die Fähigkeit, nicht so viel zu beurteilen. Eine Fähigkeit, zu lernen und Dinge verstehen zu wollen.

In meiner Arbeit versuche ich, das zu verkörperlichen und Alternativen zu klassischen Lernformen und einem Denken in Bildern und Sprache zu finden. Es geht mir darum, herauszufinden: Können wir durch unseren Körper diese Empathie zu Menschen, die uns nicht nahe stehen, aufbringen? Und kann ich komplexe Konstrukte so erfahrbar und fühlbar machen? Kann ich sie dekonstruieren und zu einer greifbaren Erfahrung zurückführen? Jedoch ohne auf stereotype Bilder zurückzufallen! Das ist ehrlich gesagt das Schwierige, weil das trotzdem passiert. Ich muss ehrlich sagen, dass ich in meiner eigenen Arbeit oftmals in Situationen gerate, in denen ich selbst Unbehagen habe und mich frage, ob das richtig ist, was ich da tue. Hier versuche ich, die Themen aus meiner eigenen Position heraus darzustellen, in der ich nicht die Erfahrung gemacht habe, wie es ist, z.B. auf einer Plantage zu arbeiten. Das hätte ich natürlich auch machen können, aber das fände ich problematischer. Die Übungen sind ein Input, genau diesen Mechanismus des Verständnisses anzuschalten und nicht zu behaupten, dass man nach dieser Übung *weiß*, wie diese Arbeit, auf der Plantage oder das Putzen, wirklich ist.

AU
Seit ich mich im intersektionalen Sensibilisierungsprozess befinde, habe ich festgestellt, dass ich immer mehr Sachen nicht mache. Denn ich bin mir unsicher, wo ich zum Beispiel beginne, Dinge zu appropriieren. Es ist ohne Frage wichtig, den eigenen Bias zu reflektieren. Und doch verhindert diese Art von Angst vielleicht auch wichtige Gespräche und Konflikte, denn auch aus Fehlern kann man viel lernen. Und aus diesem Blickwinkel finde ich deine Arbeitsweise sehr inspirierend. Weil sie sich in meiner Interpretation nicht vor solchen Konfliktsituationen scheut. Sie geht sehr aktiv und bewusst mit diesem Unwohlsein um, von dem wir vielleicht manchmal gar nicht sofort konkret wissen, wo es herkommt. All dies ist Teil des Konzeptes.

VT

Ja, da hast du Recht. Diesen Ambivalenzen muss ich mich stellen, auch wenn ich es manchmal vielleicht nicht will. Weil es eben wichtig ist. Ich möchte daran glauben, dass Konflikt nichts Negatives ist, denn nur durch Debatten können wir weiterkommen und diese Debatten müssen kontinuierlich geführt werden. Auch wenn es zum Thema Appropriation kommt. Beim oben genannten Beispiel wurde auch von Teilnehmenden gefragt: ‚Ist diese Geste nicht Appropriation von jemandem, der unter den Bedingungen als Putzkraft leidet?' Ich werde immer wieder kritisiert dafür, dass ich Ungleichheit auf eine ästhetische und fast spielerische Art und Weise behandele. Da ist dieser interne Kampf: Ich wünsche mir, dass wir in einer Welt leben, in der alle Menschen respektiert werden, die alle Menschen mitdenkt und gleichberechtigend ist. (...) Deswegen probiere ich, die Fähigkeiten, die ich habe, dazu zu nutzen, genau diese Ambivalenz offenzulegen. Indem ich eine Situation kreiere, die erst einmal unscheinbar ist, weil sie mit Ästhetik spielt – denn so ist unsere Welt auch, dass alles so schön ästhetisch gehalten wird und Probleme versteckt werden. Ich gestalte in meinen Performances die Bewegungen also abstrakter und ästhetischer, um letztlich diese Absurdität aufzuzeigen. Am Ende ist es für mich aber sehr wichtig, immer wieder zu thematisieren, dass wir hier gerade dieses Spiel spielen können, weil die Menschen, die teilnehmen, fast immer ziemlich privilegiert sind.

In der Wortwahl und den Formulierungen des Editorials auf der Website von DD sind Bezüge zur feministischen Wissenschafts-Theorie sowie zu Indigenem Wissen erkennbar. Dabei bleibt ihre Zukunftsvision sehr vage. Auch die dafür notwendigen Strategien und Werkzeuge der Designer*innen werden nicht weiter konkretisiert, es wird von ihnen an anderer Stelle sogar explizit kritisiert, den dekolonialen Diskurs zu offen zu gestalten und Strategien zu entwickeln: "Even worse, we designers with our designerly tools, methods, and mapping techniques risk un-mapping plurality"[28], wie Tristan Schultz schreibt. Auch Abdulla warnt vor der Gefahr, mit einer universalistischen, lösungsorientierten Herangehensweise Dekolonialität von der kritischen Grundhaltung zu entfremden und damit zur Metapher zu machen.[29]

Ich gebe Abdulla und Schultz Recht darin, dass Designer*innen dazu neigen, Themen zu übersimplifizieren, als schnelle Trends zu verwerten und dann halb verdaut zurücklassen. Meiner Meinung nach ist ein Wissenstransfer in die Lehre und Designpraxis jedoch absolut notwendig, um Veränderungen zu erreichen. Dass und wie dieser Transfer gelingen kann, beweisen beispielsweise Elisabeth 'Dori' Tunstalls Buch "Decolonizing Design"[30] und ihre langjährige Arbeit als erste und einzige Schwarze weibliche Direktorin einer Designfakultät an der OCAD University in Ontario in Kanada. Durch Tunstall und ihre Mitstreiter*innen erlebte die OCAD einen konkreten Wandel von innen heraus. Ihre handlungsorientierte Herangehensweise an Dekolonialität, die eine niedrigschwellige Sprache und persönliche Bezüge und damit einen Abbau von Barrieren beinhaltet, gewinnt durch ihre Verständlichkeit für mich an Radikalität. Eine solche Niedrigschwelligkeit vermisse ich bei DD. Auch wenn dessen Mitglieder nach eigener Aussage eine Wissensproduktion außerhalb der akademischen Forschung anstreben,[31] verharrt die Gruppe jedoch in den meisten Fällen in der Sprache ihrer Texte im klassischen akademischen Duktus und im stark referenzbasierten Schreiben, das großes geisteswissenschaftliches Vorwissen voraussetzt. Dies steht in großem Kontrast zu der Klarheit und Zugänglichkeit vieler Texte des Schwarzen Feminismus. Durch das Verharren in einem sehr akademischen Denkrahmen machen sich viele Texte des Kollektivs unangreifbar, verlieren dabei für mich jedoch an Wirkmächtigkeit.

DD kritisiert in ihren Texten immer wieder nachdrücklich die Funktionsweisen der westlichen Universitäten[32] und die meist kurzfristig gedachten Bestrebungen von Kulturinstitutionen, sich zu diversifizieren. Ihrer Meinung nach bringt es keine großen Erfolge, marginalisierte Perspektiven zu ergänzen, wenn die Institutionen letztendlich doch koloniale Narrative aufrechterhalten. Deswegen wollen sie ihre Ressourcen nicht in das Nachbessern der bestehenden Strukturen investieren, sondern nur in ein radikales Neudenken dieser.[33] An dieser Stelle sind klare Referenzen zu Kimberlé Crenshaws intersektionaler Vision erkennbar, ebenso wie zu Audre Lordes Vision eines grundlegenden Wandels.[34] DD thematisieren die Problematik, selbst Teil dieses Systems zu sein und Prado macht deutlich, dass diese Verstrickung sich in ihrem eigenen Diskurs widerspiegelt.[35] In meinen Augen ist für eine grundlegende, langfristige Veränderung von kolonialen Strukturen ein Ineinandergreifen von abstrakten Imaginationen und angewandten Umstrukturierungen notwendig. Das schließt sowohl ein kollektives Imaginieren von alternativen Welten und ein Organisieren von alternativen Strukturen ein, wie von DD angestrebt. Aber auch die Diversifizierung bestehender Institutionen von innen heraus gehört dazu, da dies zu einer erhöhten Sichtbarkeit marginalisierter Designer*innen führt und außerdem nur so die Erlebnisse von Studierenden mit Mehrfachdiskriminierungserfahrungen verändert werden können.

Auch Joanna 'Jody' Boehnert und Dimeji Onafuwa sehen eine große Gefahr in depolitisiertem Design. Sie gehen in ihrem auf dem von DD organisierten Symposium präsentierten Paper[36] auf das Entkoppeln *('de-linking')* nach Mignolo ein. Ihrer Meinung nach ist das Ziel hierbei jedoch, Design von einem singulären, auf die Moderne fixierten Verständnis zu entkoppeln. Ein pluriverses Design ist nur erreichbar, wenn privilegierte Designtheoretiker*innen und Designpraktizierende sich ihrer kollektiven Verantwortung stellen und zu Allys (dt. Verbündeten) werden. Der Begriff ‚Ally' kommt aus dem antirassistischen Widerstand. Ein*e Verbündete*r zu sein, bedeutet, sich dauerhaft antirassistisch, bzw. machtkritisch zu engagieren. Dazu gehört zunächst Selbstreflexion (siehe Matrix of Domination), sich selbstständig zu informieren und Diskursen auszusetzen, die sich kritisch mit Herrschaft auseinandersetzen, aber auch den marginalisierten Erzählungen, die durch institutionalisierten Rassismus und andere Formen der Unterdrückung keinen Raum bekommen, zuzuhören.[37]

„Allies must continously struggle to liberate their minds from domination ideologies and educate themselves of the lived experiences of others. Those who act as allies, who act in solidarity with marginalized and oppressed peoples, engage in actions to bring about justice and equity."[38]

Mit dem in die Allyship eingeschriebenen Privileg können verbündete Designer*innen gegen Ismen kämpfen und mehr Raum für vielfältige Stimmen, diverse Realitäten und Perspektiven schaffen.[39] In Onafuwas hierfür entwickeltem "Framework for Allies"[40] geht es um die Verantwortung privilegierter Designer*innen, gemeinsam mit marginalisierten, nicht-westlichen Perspektiven die symbolische Gewalt, die durch Design entsteht, herauszufordern.[41] Onafuwa entwickelte außerdem gemeinsam mit dem Architekten und Referenten Jabe Bloom ein digitales Allyship-Trainingsformat,[42] kategorisierte die Typen von Allys genauer und forscht weiter an dieser Thematik. Sie verwenden dafür Materialien, Visualisierungen und Übungen, die von antirassistischen Theorien und Social Justice beeinflusst sind und machen diese für Designer*innen kostenlos online zugänglich.[43]

Die Arbeit von Onafuwa und seinen Mitstreiter*innen ist in meinen Augen sehr gelungen, weil sie in ihrer Kürze konkrete Perspektiven aufzeigt, die — anders als beispielsweise in den Texten von Decolonising Design — eine nachhaltige Zusammenarbeit von privilegierten Designer*innen und marginalisierten Klient*innen nicht ausschließt, sondern Bedingungen und Modelle für gute Zusammenarbeiten entwickelt.

Für den Klangkünstler, Theoretiker und Lehrenden Pedro Oliveira wiederum bedeutet Design zu dekolonialisieren nicht nur, zu hinterfragen, wie wir über Design sprechen, sondern außerdem, ganz neue Sprachen für Design zu finden.

> "We must constantly interrogate not only the field but also ourselves and our own practice; in so doing, we move beyond inquiring who is offered 'a seat at the table' (to use Solange Knowles' language[44]) but also the very terms used to set this 'table.'"[45]

4.2 Respectful Design

Um Respectful Design zu beschreiben, werden in diesem Kapitel die Theorie und Praxis von drei Theoretiker*innen vorgestellt: Zum einen Norman W. Sheehan, Professor und Forscher für Indigenes Wissen in Australien, welcher als australischer Wiradjuri selbst indigene Wurzeln hat. Außerdem liegt der Fokus auf der Arbeit von Dr. Elisabeth 'Dori' Tunstall, die die erste und einzige Schwarze und weibliche Dekanin einer Design-Fakultät weltweit war. Sie ist Design-Anthropologin und etablierte Respectful Design als Grundprinzip, als sie 2016 ihre Position als Dekanin an der OCAD in Kanada antrat. Tunstall spricht immer wieder über die Verwobenheit von Design in Unterdrückungsmechanismen, insbesondere mit Fokus auf den kanadischen Kontext und der andauernden Benachteiligung von BIPoC dort. Ein weiteres zentrales Thema ist für sie, mit welchen

Mitteln und Wegen die Institution radikal dekolonialisiert werden kann. Jacquie Shaw hat einen Master-Abschluss in Strategischer Zukunftsforschung und Innovation an der OCAD absolviert und wurde dabei von Elisabeth 'Dori' Tunstall unterrichtet. In Shaws Abschlussarbeit geht es darum, wie genau Intersektionalität bewusst in Designprozesse eingebaut werden kann.

Norman W. Sheehans Exploration Indigenen Wissens

Norman Sheehan hat 2011 mit seinem Text "Indigenous Knowledge and Respectful Design: An Evidence-Based Approach"[46] den Begriff des Respectful Design entwickelt, um die Potentiale der Disziplin aus einer von Indigenem Wissen geprägten Perspektive zu untersuchen. Der Text ist eines der raren Beispiele, in denen sich Designtheorie mit anderen Wissensformen verbindet, um neues Wissen zu produzieren. Er ist in einer sehr lyrischen Sprache geschrieben, die vermittelt, dass Indigenes Wissen für Sheehan sowohl eine Wissensform als auch etwas Eigenständiges, Lebendiges ist. Man könnte sogar so weit gehen, zu sagen, dass dieser Text es schafft, eine neue Sprache für Design zu entwickeln, wie Oliviera es zum Dekolonialisieren von Design forderte. Indigenes Wissen basiert nach Sheehan auf Kolonialisierungserfahrungen und wehrt sich dagegen, die Lebensweise der Kolonialisierenden zu übernehmen. Deswegen handele es sich bei Indigenem Wissen um eine kritische und resiliente Ideologie.[47] Indigenes

Wissen geht davon aus, dass die Welt lebendig und aktiv ist, genau so wie es die Menschen sind. Respekt basiert in dieser Vorstellung darauf, dass alle Menschen nur für eine kurze Zeit auf der Erde leben, die Erde jedoch schon eine sehr lange Zeit vor ihnen existiert hat und noch viele Generationen nach ihnen existieren wird. Aus dieser Grundhaltung können Menschen über kein vollständiges Wissen verfügen. Hier sind Gemeinsamkeiten mit feministischer Objektivität zu finden. Respekt geht durch diese Erkenntniss mit einer Form von Demut/Bescheidenheit einher.

> "Indigenous Knowledge Respect is about showing care and awareness in the way we identify, explore, and access meaning because we know our view is always incomplete."[48]

In Sheehans Verständnis von Indigenem Wissen besteht die Welt aus Natursystemen, die in einem Wandel begriffen sind und zum Beispiel durch Umweltzerstörung bedroht werden. Die Natursyteme seien jedoch wehrhaft und reagieren intelligent auf die voranschreitende, menschengemachte Umweltveränderung, u.a. indem sie die Welt zu einem weniger lebenswerten Ort für die Menschen machen. Indigenes Wissen beobachtet die Natursysteme und ihre Veränderung seit Jahrzehnten. Design müsse, so Sheehan, eine lebenserhaltende Haltung einnehmen und im Einklang mit den Natursystemen stehen *('being with')*.[49] In der indigenen Wissensproduktion ist das Teilen von (Sprach-)Bildern essentiell. Sheehan findet folgendes Bild für Design:

> "In the same way that birds are related and continue through 'nest', humans are related and continue through 'design'."[50]

Dieses Bild verkörpert sehr stark die *world-making*-Dimension von Design. Respektvolles Design versteht Menschen als gegenseitig voneinander abhängig (*'inter-reliance'*[51]) und eingebettet in die Natursysteme.[52]

Sheehan misst Design hier eine sehr wichtige Rolle bei: Er versteht es als aktive menschliche Schnittmenge von Materialität, sozialen Interaktionen und der Umwelt. Deswegen ist Design für ihn momentan der Dreh- und Angelpunkt von sozialem Wandel, würde jedoch in der modernen Gesellschaft auf eine produktorientierte Kultur limitiert und schöpfe seine Möglichkeiten und Potentiale so nicht aus. Trotzdem ist Design ein universeller menschlicher Prozess, in dem Menschen sich immer materiell mit ihrer Umwelt beschäftigen. Nach Sheehan ist Design eine inhärent respektvolle Praxis, da es von jeher den Gebrauchswert zentriert.[53]

Indigenes Wissen lässt verschiedene Positionen zu. Es wehrt sich jedoch dagegen, die Verhaltensmuster der Unterdrückenden zu übernehmen, die die Leben indigener Menschen kontrollieren. Indigenes Wissen ist ein ontologisches Prinzip des Lernens, welches es möglich macht, die Welt besser zu machen, indem Gruppen die richtigen Entscheidungen in Einklang mit der Natur treffen. Indigenes Wissen versteht Diversität als Grundlage von Kreativität und Adaption. Ein weiteres Grundprinzip ist Autonomie: Es will niemanden von seinem Verständnis überzeugen oder missionieren. Gleichzeitig geht es darum, die eigenen Voreingenommenheiten zu verstehen und Methoden zu entwickeln, die diese sichtbar machen, ein sehr intersektionaler Gedanke.

> "Respectful Design workers must be the first to know, understand, and communicate their biases and make the influence of their perspectives on evidence and products explicit. Finally, the key task of Respectful Design is to implement, test, and refine methodologies that normatively expose and explicate bias."[54]

Respectful Design nach Elisabeth 'Dori' Tunstall

Für Tunstall hat der Begriff 'Respectful Design' diverse Bedeutungen.[55] Es gibt viele Überschneidungen mit Sheehans Definition und beide Verständnisse verbindet, dass das Wohlergehen der Community im Zentrum der Praxis stehen muss.[56] Kurz nach ihrem Amtsantritt als Dekanin der OCAD 2016 hat Tunstall gemeinsam mit vierzig Fakultäts-Mitgliedern und Gästen einen Workshop abgehalten, um kollektiv ein Verständnis des Begriffs für die OCAD zu definieren. Aus diesem Dialog ergab sich folgende grundlegende Definition, die nun die Basis der Fakultät darstellt:

> "Respectful Design means valuing inclusivity, peoples' cultures and ways of knowing through empathic and responsible creative methodologies. It means deepening our relationships to the lives of the materials that connect us to the craft of making.

It means designing ourselves back into the environment. For example, adding Indigenous concepts of Seven Generations to inform sustainable design. It means celebrating need over want. Respectful design means acknowledging different values, different manners of production, and different ways of knowing."[57]

Auch Tunstall betont die in Beziehung setzende Komponente des Respectful Design. Der Mensch steht nicht mehr im Mittelpunkt der Weltsicht, sondern ist "(...) just part of the wider ecosystem."[58] Es gehe um die Beziehungen und Verbindungen zwischen allen Dingen: Pflanzen, Tieren (hierzu zählt Tunstall auch Menschen) und Mineralien.[59] Ihre Arbeit zielt darauf ab, Systeme der Unterdrückung, des Schweigens *(Silencing)* und der Fremdbestimmung *(Othering)* zu entwirren, die in vielen Designpraktiken, Objekten und Strukturen eingebettet sind. So möchte sie einen Raum schaffen, der indigene Praktiker*innen und andere ausgeschlossene Stimmen ehrt. Dies ist nicht nur eine abstrakte Forderung, sondern in den Grundsätzen der Institution verankert worden.[60]

Darin unterscheidet sich Respektvolles Design von vielen der zuvor erwähnten neu ausgerufenen Designrichtungen und -begriffen, von denen viele nur kurzfristig Diskurse anregen (sollen), jedoch nicht nachhaltig in die Praxis einfließen und so performativ werden können. Von Designtheoretiker Robert Kett nach den Unterschieden von Respectful Design zu Human-centered oder Social Design befragt, betont Tunstall die Unterschiede darin, für wen designt wird: Im

Designing for the Social werde für die Gesellschaft gestaltet.[61] Dabei bleibe es jedoch unscharf, welcher Teil der Gesellschaft jeweils als Adressat des Designs gemeint ist und so fehlt auch die Verantwortlichkeit gegenüber konkreten Gruppen. Tunstall spricht sich alternativ für ein Design für Communitys aus, das heißt für ganz konkrete Gruppen innerhalb der Gesellschaft. Das sei eine sehr direkte Aufgabe mit viel Verantwortung, bei der Designer*innen für Fehler und Unzuverlässigkeiten direkt von der Community zur Rechenschaft gezogen werden könnten. Diese Möglichkeit ist für Tunstall ein wichtiges Merkmal einer respektvollen Zusammenarbeit, in der Designer*innen nicht dominieren. Verantwortlichkeit ist demnach ein Kernmerkmal von Respektvollem Design.[62]

An der OCAD steht Dekolonialisierung in den Prinzipien der Fakultät an erster Stelle. Dadurch, dass Tunstall wiederholt deren Wurzeln im indigenen Kontext betont, lenkt sie immer wieder den Blick auf die Wiedergewinnung von Souveränität, die den indigenen Völkern Kanadas und der USA gewaltvoll von Siedler-Kolonialist*innen genommen worden ist.[63]

Tunstall sieht Design als ein Instrument, mit dem Werte an künftige Generationen weitergegeben werden, und als ein Werkzeug für die Mitgestaltung der Zukunft.[64] Diese Beschreibung hilft dabei, Sheehans Sprachbild des Vogelnests besser zu verstehen. Aus ihrer anthropologischen Perspektive sind Kunst, Design und Architektur das, was von vergangenen Generationen von Menschen physisch bleibt. Die Objekte und Gebäude (-reste) vermitteln uns heute (unvollständig) ihre Geschichten und ihre Wertesysteme. Ihr Verständnis von

Design beschreibt Tunstall weiterhin folgendermaßen: "I look at how design translates values into tangible experiences."[65] Sie macht darauf aufmerksam, dass wir heute bessere Designtechniken benötigen, die weder Menschen ausbeuten, noch das Land. Im Kontext der indigenen Lehre der *Seven Generation Teachings*[66] bringe ein respektvoller Designprozess folgende konkrete Fragen mit sich:

> "'What in my design might cause trauma to begin with? Who could this hurt today? Who could this hurt in the future?' But at the same time you can say, 'Who could this help? Who could this assist? Could my design assist the most vulnerable in their ability to cope with the conditions that are causing their vulnerability?'"[67]

Diese Fragen sollten sich Designer*innen in ihrem Alltag stellen und dabei immer die am stärksten marginalisierte Community priorisieren. Denn gerade Design könnte ein gutes Werkzeug sein, um ihnen Bedingungen und Möglichkeiten der Selbstbestimmung und Selbstdefinition zu eröffnen. Das würde nach Tunstall dabei helfen, dass die Communitys selbst das System verändern. So hätten Designer*innen die Ehre, diese Veränderung zu ermöglichen und zu erleichtern, ohne dabei eine dominante Position einzunehmen.[68]

Auch in ihrer Lehre und in öffentlichen Auftritten praktiziert 'Dori' Tunstall dekoloniale Solidarität: Alle ihre Vorträge beginnt sie mit einem Land Acknowledgement, indem sie thematisiert, welchem indigenen Volk dieses Stück Land rechtmäßig gehört, auf dem sie sich befindet, wie der Name des Ortes auf der Sprache des jeweiligen Volkes eigentlich heißt und indem sie dieses Volk und dessen Ahnen bittet, sie willkommen zu heißen.[69]

Tunstall's dekoloniale Arbeit als Dekanin der OCAD war stark im kanadischen Kontext situiert. Die Ressourcen hierfür werden von der kanadischen Regierung bereitgestellt, welche sich, seitdem sie den Bericht "Truth and Reconciliation"[70] von 2015 angenommen hat, verpflichtet, eine umfassende Dekolonialisierung der Lehre zu finanzieren und zu unterstützen. In diesem Report sind 6000 direkt und indirekt Betroffene des kanadischen Residential School Systems zu Wort gekommen und haben von ihren traumatischen Erfahrungen in den segregierten Schulen berichtet, von denen die letzte erst 1996 geschlossen wurde. Kinder indigener Eltern wurden in Kanada von ihren Familien separiert und mussten spezielle Schulen besuchen, in denen sie die indigenen Sprachen und Bräuche verlernen sollten und die durch physische und sexuelle Gewalt geprägt waren. Um dieses dunkle Kapitel kanadischer Geschichte aufzuarbeiten, entstand der "Truth and Reconciliation" Bericht in einem siebenjährigen Prozess.[71] In Kanada gebe es laut Tunstall heute einen aktiven und lebendigen Diskurs zur Dekolonialisierung, der viele Möglichkeiten eröffnet, wie über Inklusion und respektvolle Beziehungen gesprochen werden kann, sowie, welche Rolle Design darin spielen kann.[72]

Ein Aspekt der Aufarbeitung sei es auch, die Verantwortung für die Vergangenheit der Institution anzunehmen und dabei Verstrickungen und Profite aus kolonialen Systemen offenzulegen. Tunstall bemerkt hier die Rolle von Design in der Glorifizierung der Kolonialisierung und bringt als Beispiel die Unterstützung der OCAD für den kanadischen Maler Franklin Carmichael an, der durch die Gestaltung der Broschüre für die Canadian National Railway die Besiedlung Kanadas durch die Europäer*innen förderte.[73]

Ein weiteres Projekt Tunstalls für die OCAD ist es, die eurozentrischen Vorurteile im Lehrplan der Fakultät zu identifizieren und umzugestalten. Der Schaden, den diskriminierende Lehre anrichten kann, soll so minimiert werden. Dabei sieht Tunstall ihre Mitarbeiter*innen und Studierenden als Multiplikator*innen dieser Techniken an. Es ist Tunstall ein Anliegen, die dekolonialen Fortschritte an der OCAD mit dem Rest der Welt zu teilen. In ihrem neuen Buch "Decolonizing Design",[74] sowie in diversen online frei verfügbaren Video-Interviews und Vorträgen[75] teilt sie ihre Erfahrungen und gibt Einsichten in ihre Programme und strukturellen Entscheidungen, wie die Einstellungspolitik der OCAD.[76] In Cluster-Hiring-Prozessen wurden von ihr zuerst mehrere indigene Professor*innen gleichzeitig eingestellt, in einer zweiten Runde mehrere Schwarze Designer*innen und Künstler*innen. Tunstall berichtet, wie gezielt nach Personen gesucht worden ist, die z.B. *Black Speculative Futures* und *Black Cultural and Hiphop Aesthetics* unterrichten.[77] Durch das Einstellen von mehreren BIPoC zur gleichen Zeit entsteht eine kritische Masse, die verhindert, dass eine einzelne neu eingestellte Person in eine *Supertoken*-Position gedrängt wird. Tunstall bezeichnet sich selbst als *Supertoken,* also eine (mehrfach) marginalisierte Person, die so hoch qualifiziert ist, dass ihr Wert für die Institution ihre Marginalisierung überstrahlt und der extreme Ausnahmefall eintritt, dass sie in eine Machtposition kommt.[78]

In der Auswahl der Kandidat*innen gab es außerdem verschiedene Qualifizierungsmodelle, die auf drei Personas basierten: *traditionelle Akademiker*innen*, *Praxis-Stars* und *Community-Connectors*. Dies geschah, um Diskriminierung im Bildungsweg, die z.B. durch das segregierte Schulsystem und Klassismus entstehen, auszugleichen.[79] So setzt das Modell des Praxis-Stars z.B. den Schwerpunkt auf Berufserfahrung und ermöglicht es Designer*innen die einen alternativen Weg in die Designprofession (außerhalb von Ausbildung und Studium) gefunden haben, sich zu bewerben. Diese Ausschreibungen wurden außerordentlich gut angenommen: "(...) the community embraced the call because the call embraced the community."[80]

Für Tunstall spielt das die Hinterfragen der vermeintlichen Objektivität von Designgeschichte eine wichtige Rolle.

> "The way the history of design has been told ignores the specificity of its particular origins. The process of decolonization must first recognize how design principles have come to be, and especially that design is not a culturally neutral practice."[81]

Wenn diese Realisierung eingetreten sei, könnten alternative Praktiken und andere Modalitäten des Gestaltens entstehen, die gleichwertig, aber anders seien. Dieses *equal but different* leitet Tunstall von dekolonialer Theorie ab. Es gehe nicht um ein *one size fits all*, sondern um ein *one size fits one*. Es ist hierbei essentiell, die Unterschiedlichkeiten einzelner Menschen und Kulturen zu erkennen, sie jedoch nicht zu hierarchisieren und als besser oder schlechter zu bewerten.[82]

Konkret hätten wir es in der Lehre bisher weitgehend mit einer kolonialen Prägung der Designgeschichte zu tun: "(...) secular capitalist practice of design that is based on a set of values of Europe which have been transported through colonization to other places."[83] Sie beschreibt, dass sehr viele Kulturen und Identitäten und ihr jeweiliges Verständnis von Ästhetik (beispielsweise die Nutzung von Farben) in einem von kolonial geprägter Geschichtsschreibung beeinflussten Designverständnis ausgeschlossen und abgewertet werden. Auch in Kanada werde noch immer ein eurozentrischer Kanon gelehrt.[84] Der Vortrag "Strikethrough: Typography Messages of Protest for Civil Rights", den die Multimedia-Künstlerin und Professorin Colette Gaiter als Teil der Plattform "BIPoC Design History"[85] 2021 online über die Designs der Schwarzen Bürgerrechtsbewegung der 60er und 70er Jahre gehalten hat, zeigt die Problematik auf. In der zugehörigen Diskussion berichteten viele amerikanische und kanadische Designstudierende, dass sie zwar die Bauhaus-Prinzipien und europäische Designgeschichte ausführlich in ihrer Ausbildung gelernt haben, die Designs lokaler, marginalisierter Communitys, wie die der Bürgerrechtsbewegung darin jedoch keinen Platz fanden. Aus europäischer und deutscher Sicht ist es durchaus sinnvoll, z.B. das Designverständnis des Bauhauses kritisch reflektiert zu unterrichten, da es hier lokales Wissen ist. Die von Colette Gaiter im Workshop gezeigten Plakatdesigns und Typografie-basierten Malereien von Künstler*innen wie Barbara Jones-Hogu und Carolyn Lawrence, beide Teil des Chicagoer Kollektives AfriCOBRA, haben eine einzigartige Gestaltung und waren als Kommunikationsmittel der Bürgerrechtsbewegung der USA hoch effektiv.[86] Deshalb steht ihnen zweifellos ein Platz in der Designgeschichte zu, insbesondere an den US-amerikanischen Hochschulen. Auch der damalige Designbegriff ist heute wieder sehr relevant, da es hier um eine Community-basierte Kommunikation und um Empowerment geht. Die typografischen Arbeiten des Kollektivs bewegen sich an der Schnittstelle von Kunst und Design. Die strikte Unterscheidung von Design, Kunst und Handwerk ist ein grundlegend koloniales Vorgehen, das es nach Tunstall zu überwinden gilt.[87]

> "Eliminate false distinctions between art, craft and design, in order to better recognize all culturally important forms of making as a way in which people make value systems tangible to themselves and others. The distinctions between art, design and craft that define European design history do not exist in other cultures. The hierarchies ascribed to art-design-craft have significant impact on the cultural and economic wellbeing of communities whose work has been designated as craft, and thus ascribed a lower economic value."[88]

Aus intersektionaler Perspektive lässt sich hinterfragen, wieso diese Designs noch immer sehr wenig in der Designgeschichte wahrgenommen werden. Hierbei ist die Autor*innenschaft ein wichtiger Faktor: Die meisten wurden von Schwarzen Männern und Frauen gestaltet.[89]

Mit seinen Schriften lenkt Tré Seals, Schriftgestalter und Gründer der Type Foundry "Vocal Type Co.", Aufmerksamkeit auf die Geschichte und Proteste unterrepräsentierter Communitys. Seine Schrift 'Martin' ist z.B. eine nach den Prinzipien von Gewaltfreiheit gestaltete Schrift, inspiriert von den grafischen Spuren des Sanitärstreiks in Memphis von 1968, auf dem Martin Luther King Jr. gesprochen hatte.[90] Die Schriften repräsentieren die Kultur von marginalisierten Gruppen, ohne dabei Stereotype zu bedienen. Seals denkt die Problematik der Unterrepräsentation folgendermaßen weiter:

> "When a singular perspective dominates an industry, regardless of any advancements in technology, there can (and has been) only one way of thinking, teaching, and creating. This lack of diversity in terms of *race*, ethnicity, and gender, has led to a lack of diversity in thought, systems (like education), ideas and, most importantly, creations."[91]

Ein weiteres Beispiel aus bildet die Schrift „Arbeiter Neue“[92] von Murathan Biliktu, die von den Erzählungen der Gastarbeiterzeit seines türkischen Großvaters in den 60ern in Deutschland inspiriert ist und sowohl Kabel und Rohre referenziert, als auch das Sich-fremd-fühlen und das Verlorensein mit einer neuen Sprache verkörpert.

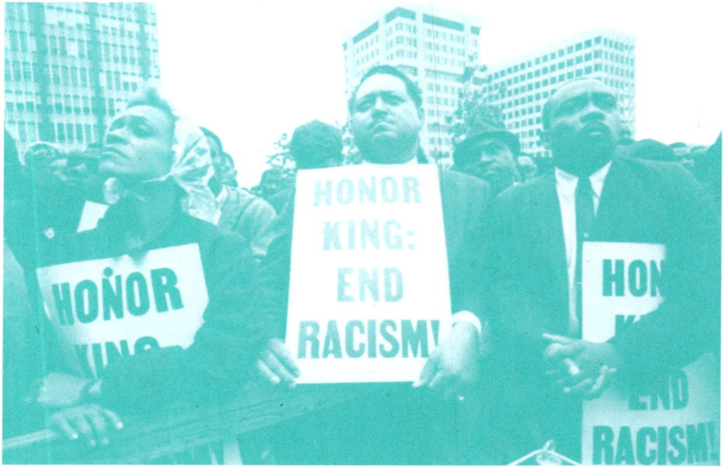

We Shall Overcome!
Deep in my HEART,
I do believe that We
Shall Overcome!

Abbildung 8 und 9:
oben: Sanitätsstreik in Memphis 1968, auf dem Protestierende einheitlich gestaltete Poster tragen. Foto von Burk Uzzle.
unten: Ausschnitt aus dem Specimen der Schrift “Martin”, gestaltet von Vocal Type.

Auch dieser Prozess muss dekolonialisiert werden und es sollte unbedingt erwünscht sein, dass Studierende mit ihren individuellen Identitäten und Erfahrungen an der Designhochschule Platz finden und diese aktiv einbringen können. Sonst entsteht nach Tunstall bei den Studierenden das Missverständnis, dass sie sich mit ihren Identitäten zurücknehmen müssen, um professionell zu gestalten.

> "For us decolonization is about changing the notion that my students had that they have to choose between being a professional designer and maintaining their unique and nuanced identities in plural."[288]

Sie berichtet, wie die Studierenden durch die Lehre an der OCAD ihre Identitäten besser kennenlernen und in ihren Designs verkörpern. Nach ihrem Abschluss verlassen sie die Uni mit den Werkzeugen, das System zu verändern.[93] Das wird dann von der Wirtschaft als Innovation aufgenommen und Firmen beginnen, sich mit Themen wie Diversity und Inklusion zu beschäftigen, um ihre Arbeitnehmer*innen und Klient*innen besser zu verstehen. So wirke sich die Veränderung auf das alltägliche Leben vieler aus. An dieser Stelle wird Tunstalls pragmatisches Verständnis von Dekolonialisierung und Diversity sichtbar. Für sie ist es entscheidend, dass Veränderung weitreichend implementiert wird. Das ist weniger kapitalismuskritisch als das Verständnis der Decolonising Desig Gruppe, jedoch verharrt in Tunstalls Praxis Dekolonialisierung nicht mehr auf der Konzeptebene, sondern greift auf der Ebene der Institution ein, um sie von innen heraus zu verändern.

Interview Anoushka Khandwala

28.02.2021
64 min.
Teil 1 von 2

AU
When did you notice that design plays a major role in the perpetuation of power relations?

AK
I think I kind of always felt excluded from design as a whole, particularly because the whole notion of being a graphic designer seems to conjure up an image of a person who's really neat and tidy and is interested in making things neat and tidy and cleaning things up and condensing them into the most accessible, easy form for the audience. And I've never really resonated with that. I've always been in favor of challenging the audience.

And I think I'm just generally a really messy person, like I think in big splats, I don't think in grids and I'm always in favor of using big, messy pieces of charcoal over really sleek vectors. I'm so in favor of messy design and how that then overlaps with all of its sort of sibling fields like art or craft or anything creative — writing as well. And I think it's linked to feeling excluded from modernism, which has so thoroughly informed our present notions of 'good' design. (...)

I don't really resonate with a lot of design that's lauded by industry, but which I found quite boring. When I started to research and look more into aesthetics and creative work that I loved, I always resonated with stuff that was messy and bright and interesting. Once I started questioning what we value as good design, I couldn't really unsee the role that design plays in smothering visual diversity and upholding whiteness literally through white space. And I think if we're talking about intersectionality and about women in design as well – a lot of design is so male as it is white. (...) So I think design does play a major role in the perpetuation of power relations, but it's also about us as an industry and what we praise and what we uphold. And so much of that is not necessarily the practice of design's fault. It's the fault of the humans who power and determine the industry, and it's kind of a human flaw that then gets reflected in design, because design is a construct that we've developed.

AU
When did you realize that you find a lot of the praised *'good design'* boring, was this already in the beginning of your design journey?

AK
I think I didn't really figure out that I should look for stuff that I liked until quite late in my degree. I was so inundated with reading about design that was conforming to this modernist aesthetic and trying to create design that was like that, that I didn't really question how I felt in relation to that. I was just sort of parroting that aesthetic for a long time and I didn't really start to question it until later in my degree. And then I

started thinking about why I wanted to conform to this particular aesthetic so much and I also realized that I was valuing the opinions of peers on my course who were white men and seeking validation from them in a way that was really unlike me and I was really surprised by.

And so, yeah, I didn't realize that I was being so swayed by other people's opinions and what other people valued for a really long time, and I felt like I was designing for other people rather than myself. And it wasn`t until the final year of my degree and once I graduated, that I started realizing that I'd been thinking about *'good design'* from the perspective of a white male and not really thinking about what good design means from my perspective. And I think once you start questioning, you can't really stop. And I sort of saw this idea of 'good design' perpetuated everywhere. And it was at that point I started to question what we value as *'good design'*. And that really affects my practice as an educator as well. I really try to never use the words *good* and *bad* because it's just such a flawed way of evaluating the effect of design. I talk about whether something's effective in terms of achieving its purpose because the success of design depends on audience and purpose and context and all of these different parameters, and so you can never just say that one thing is good because you have to measure its effect and its impact according to all of these different factors. (...)

And I think that also links to this idea of taste and why we value certain kinds of aesthetics over others.

Taste is something that is very dependent on what we're exposed to, as we grow and what is deemed good and what is deemed not as good. And I'm quite interested in what it means to change your taste and how taste can evolve to value different types of aesthetics. And maybe what even means to decolonize taste. I think that`s quite interesting.

AU
Do you have more strategies to free yourself from these minimalist rules and to unlearn this idea of a particular design to be *'good design'?*

AK
I've been able to expose myself to so many different kinds of art and design through my work as an arts and culture writer. And I think a strategy of unlearning is really to start questioning everything. When I teach, we encourage students to begin to question everything. When we're looking through studio portfolios in the admissions process, a lot of what we're looking for is curiosity, and I think once students have been admitted to and then start the degree, a big part of teaching is about stimulating that curiosity and encouraging students to question as much as possible. And not because they're looking for answers, because they'll find more complicated and interesting questions.

Tunstall unterrichtete an der OCAD Inklusives Design. Es ist eine Subdisziplin von Respectful Design. Inklusives Design weist einige Parallelen zum Intersektionalitätskonzept auf. Nach Tunstall ist es eine Alternative zum herkömmlichen Industriedesign. In Letzterem gehe es darum, kostengünstig und skalierbar für die Masse zu entwerfen. Dabei werde nach Standards gesucht. Im Inklusiven Design geht es jedoch darum, gezielt für die Menschen zu gestalten, die nicht in diese Standards passen, weil sie sich in einer oder mehreren Differenzkategorien von der Norm unterscheiden, da sie beispielsweise eine körperliche Behinderung haben.[94] Inklusives Design versteht Menschen als vielfältig und respektiert ihre verschiedenen Fähigkeiten, Sprachen, Kulturen, Geschlechter, Alter und all die anderen Unterschiede. Eine Grundlage von Inklusivem Design ist, nicht von fiktiven Durchschnittsmenschen auszugehen, wie es sehr lange in der Design- und Architekturgeschichte getan wurde und teilweise noch immer wird.[95] Stattdessen wird mit den Außenseitern *(outliners)* gearbeitet und erforscht, welches Element ihrer Erfahrung (z.B. einer selten auftretenden Behinderung) durch Design verbessert werden kann. Dieses Element könnte man dann für eine größere Gruppe von Menschen erweitern, die z.B. Variationen derselben Behinderung haben. Dies soll möglich werden, da sich Behinderungen auf einem Spektrum befinden. Das bedeutet, dass die Bedürfnisse vieler erfüllt werden könnten, die sich am Rand einer Gruppe befinden und oft nicht gesehen werden, sobald Kernverbesserungen für eine Person bzw. eine Gruppe von Personen gefunden und Lösungen flexibel gestaltet werden.[96]

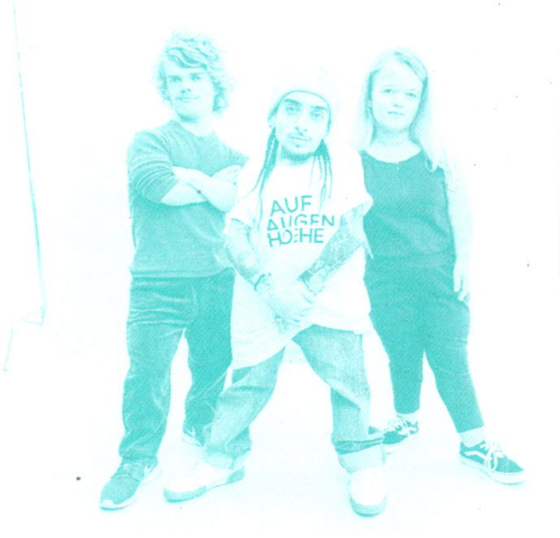

Abbildung 10: Drei Models posieren mit der Kleidung von „Auf Augenhöhe".

Ein aktuelles, lokales Beispiel für Inklusives Design ist das Modelabel „Auf Augenhöhe" der Berliner Designerin Sema Gedik. Als erstes Modelabel überhaupt produziert sie Kleidung für kleinwüchsige Menschen.[97] Dafür arbeitet Auf Augenhöhe – ganz im Sinne des Respectful Design – eng mit der Community zusammen. Gedik und ihre Kolleg*innen haben die Konfektionen von hunderten kleinwüchsigen Menschen vermessen und aus den Werten eine eigene Größentabelle entwickelt, damit die Mode zu ihren Körpern passt. Die ursprüngliche Motivation von Gedik waren die Probleme ihrer kleinwüchsigen Cousine, passende Kleidung zu finden. Von diesen Problemen einer einzelnen Person ausgehend entwickelte Gedik, wie von Tunstall beschrieben, ein Angebot, das für viele Menschen passt, die Teil des kleinwüchsigen Spektrums sind.

Tunstalls und Crenshaws Praxis stimmen dabei überein, dass durch das Zentrieren einzelner marginalisierter Erfahrungen wiederum viele profitieren. In Crenshaws Worten: “When they enter we all enter”[98]. Beide erkennen die Unterschiedlichkeit von Menschen, die sich in derselben Identitätsgruppe befinden, an.

Designing with intentional Intersectionality nach Jacquie Shaw

“Intersectionality is synergistic,
it is the 1+1=3 of experience.
The personal is political,
the specific is universal.”[99]

Jacquie Shaws Master-Thesis “Towards an Intersectional Praxis in Design”, die von Elisabeth ‘Dori’ Tunstall betreut wurde und stark vom Begriff des Respectful Design beeinflusst ist, beschreibt detailliert das Verständnis von Design und Intersektionalität und mündet in einem von Shaw adaptierten Designprozess-Modell. In der Thesis beschreibt Shaw intersektional informiertes Design nicht als Designtechnik, sondern sowohl als Methode als auch als Methodik, die in jeder Phase des Designprozesses angewandt werden kann.[100] Um mit einer intersektionalen Linse praktizieren zu können, müssen Designer*innen bereit sein, Neues zu lernen und ihre Voreingenommenheiten zu hinterfragen. Insbesondere wenn sich Designer*innen mit *Wicked Problems*[101] auseinandersetzen, kann ein Verständnis von Intersektionalität ihnen helfen, sich ihren eigenen Privilegien und den entsprechenden Machtdynamiken zu stellen. Durch die Beschäftigung mit Intersektionalität entstehen Empathie und ein tief gehendes, nuanciertes Verständnis für Diskriminierung. Dieses sei wiederum notwendig, um mit der Komplexität von Design in einer sich schnell verändernden Welt umzugehen.[102] Außerdem versteht Shaw Intersektionalität bzw. die Auseinandersetzung damit als kollaborativen Prozess[103] und als einen Lernprozess, der kein Ende hat, aber in dem man durch Übung und Durchhaltevermögen langfristig besser wird.[104] In deren Arbeit beschreibt Shaw, wie unmöglich es ist, Design komplett von der eigenen Identität abzutrennen und dass es somit immer situiert ist. In der Designszene herrscht im Gegensatz hierzu immer noch ein falsches Bild von einer cis-männlichen Objektivität *(false neutral)*,[105] da über Generationen hinweg cis-männliche Gestalter diese dominiert haben und ihre Designs als universell und objektiv dargestellt haben. Auch Anoushka Khandwala vertritt eine ähnliche Sicht.

Interview mit Jacquie Shaw

23.02.21
150 min
Teil 4 von 4

JS
As a person and designer, I create work from/with the intersections of privilege and oppression I experience, while engaging in my understanding through a critical lens.[106] What you bring to the table has an effect on the work you create regardless of the myth of the designer being 'invisible' and 'letting the work speak to itself.'[107] (...)

So I feel like it brings a lot of that baggage of the objective lens that science has. To bring yourself to the work is seen as vain or unprofessional, you're the channel through which creativity comes trough, you listen to your client and then you extract what you have and you put that out there. But you're just kind of this vessel or this tool in the middle of it. I just could never get down with that. I saw how art acts and I also saw how the canon of designers in the past bring themselves to the work, but they themselves are just like straight, cis-white male, so then that's seen as a default setting or a normative way of being. That never gets baked into the narrative that that's what the work is about or perceived.

Interview mit Anoushka Khandwala

28.02.2021
64 min.
Teil 2 von 2

AK
I think if we prioritize ourselves as people first, the design kind of follows. Then we think about what we need as humans and what the world needs from us. And if we don't frame everything as a design problem that needs to be solved, then ultimately we will be more successful as humans and designers.

Wie bei Tunstall ist auch bei Shaw *Accountability* (dt.: Verantwortlichkeit, Rechenschaftspflicht) ein wichtiger Faktor von Design als Zukunft-gestaltender Disziplin: "Design is an act of future making, just as having a child is, just as running for politics."[108] Es ist hier die Aufgabe der Designer*innen, auf jene aufzupassen, die nicht direkt am Designprozess beteiligt sind, und diesen so hoffentlich weiter zu öffnen, bzw. für mehr verschiedene Menschen zugänglich zu machen. Shaw sieht eine große Dringlichkeit darin, dass sich Designer*innen stärker mit Intersektionalität auseinandersetzen. Sier begründet dies damit, dass sich derzeit sowohl die Design-Praktizierenden selbst als auch die Communitys, deren Allys die Designer*innen sein möchten, von Design unterversorgt fühlen.[109] Wie diese Auseinandersetzung konkret gelingen kann, hat Shaw mit dem Intersectional-Practice-Modell gezeigt. Das Modell lädt dazu ein, über die eigene Herangehensweise an Gestaltung nachzudenken und ein Bewusstsein dafür zu entwickeln, welche Systeme eine*n als Gestalter*in beeinflussen. Diese Differenzkategorien und die daraus resultierenden Systeme der Unterdrückung sind so alltäglich, dass sie fast unsichtbar werden. "It's an attempt to show fish the water in which we're swimming."[110]

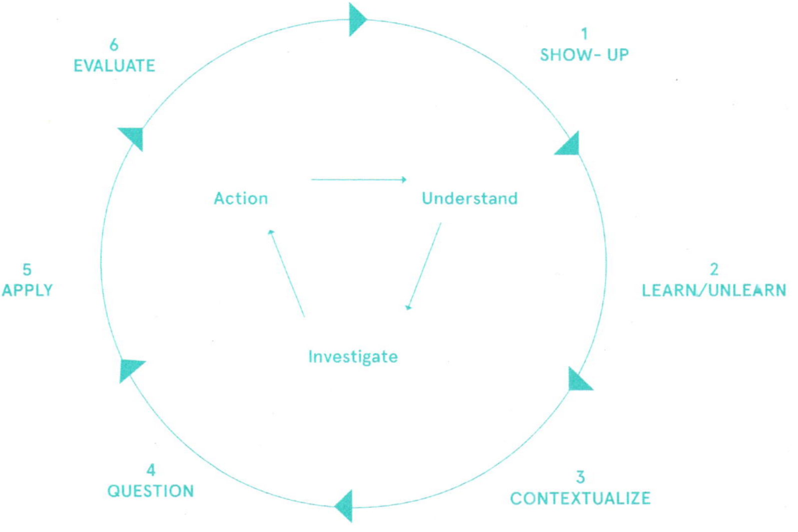

Abbildung 11: Das Intersectional-Practice-Modell von Jacquie Shaw

Das Diagramm ist nicht als konkretes Werkzeug oder Handbuch gemeint, sondern es soll Fragen aufwerfen: "I want to see people guided, but aware of the path forward."[111] Das Modell zeigt, dass intentionale Intersektionalität in jeder einzelnen Phase des Designprozesses präsent sein kann und den Details innewohnt. Mit einem intersektionalen Blickwinkel könne man nicht nur den Designprozess transformieren, sondern auch die Zusammenarbeit zwischen Designer*innen und innerhalb der Design-Community. Das Framework von Shaw ist auf zwei Arten nutzbar: Einmal als Selbstreflexion der eigenen Werte, Rolle(n) und Verantwortlichkeit auf dem Weg in eine intersektionale Designpraxis. Es ist jedoch auch auf konkrete, partizipative Designprozesse und Projekte beziehbar, diese können in jeder Projektphase mit Hilfe des Modells reflektiert werden.[112] Das Modell von Shaw baut auf einem klassischen Design-Thinking-Diagramm der 90er Jahre auf.[113] Dieses entwickelt sier auf Basis eigener Erfahrungen in Social-Justice-Gruppen und aktivistischen Kontexten weiter. So zeigt Shaws Modell, wie in allen Phasen des Designprozesses Intersektionalität entweder als Linse oder als konkrete Strategie angewendet werden kann. Die neuen Phasen heißen *1) Understand, 2) Investigate* und *3) Action*. Dabei besteht die erste Phase aus den Schritten *show up* und *learn/unlearn*. Der Teil *show up* mag erst einmal irritieren, da dieser in klassischen Designprozessen oftmals als selbstverständlich gilt. Die Idee dahinter ist es, zu hinterfragen, wie die Beziehung zu potentiellen Projektpartner*innen ist und was bei einer Zusammenarbeit für uns selbst und für die anderen auf dem Spiel steht. Hier geht Shaw direkt auf die eigene Situiertheit ein: "Bring your experience with you. It holds what you can share. Your privilege exists to distribute."[114] Es wird außerdem hinterfragt, ob wir tatsächlich bereit sind, eine verantwortungsvolle Zusammenarbeit einzugehen. In der zweiten Phase *learn/unlearn* wird verdeutlicht, dass das Lernen über Intersektionalität und das Verlernen kolonialer und unterdrückender Normen ein fortlaufender Prozess ist. Um dazuzulernen, müssen wir nach Shaw in erster Linie den Projektpartner*innen zuhören.

Das sei ganz besonders in Zusammenarbeit mit marginalisierten Menschen und Gruppen wichtig. Von ihnen darf jedoch auf keinen Fall erwartet werden, dass sie uns alles beibringen und erklären, da sie oft in diese (Token-)Rolle gezwungen werden. Deswegen macht Shaw auch hier noch einmal auf Machtverhältnisse aufmerksam: “Practice consent while learning. Do not be extractive with your process. You’ve got to educate yourself.”[115] Daraufhin folgt der Bereich *contextualize*. Hier geht es um ein genaues Ausloten der eigenen Position, der eigenen Rolle, der Werte, nach denen wir handelt und das Hinterfragen unserer Ideen.

> “Place yourself in the work. Who is your community? How are you connected? What is your power? Who do you ally with? Why? What makes you uncomfortable? (dig deep)”[116]

Der nächste Unterpunkt heißt *question:* Nachdem wir uns in die persönliche Reflexion begeben haben, geht es nun darum, wieder in den Austausch mit anderen zu gehen.

> “Ask other people. Intersectionality is based on understanding that every experience is unique and valid. Asking fills blind spots, it adds robustness to your learning, contextualization, questioning; your overall practice.”[117]

Nun kommt der dritte Teil: *action*. Hierbei geht es mit *apply* vorrangig darum, das gelernte, reflektierte und diskutierte Wissen nun anzuwenden. Shaw schreibt, dass dieser Prozess verschiedenste Formen annehmen könne, je nach Person und Situation. Es könnte z.B. darum gehen, sichtbar zu werden, die eigene intersektionale Praxis präsent zu machen und zu teilen. Es könne aber auch um Teamprozesse gehen, indem an einem inklusiven Umfeld gearbeitet wird oder darum, die eigenen Bedenken offen mit den anderen zu teilen. Als potentieller Ally geht es hier nun darum, direkt zu unterstützen: “Asking marginalized folks what they need and how you can support”.[118] Die letzte Phase heißt *evaluate* und in dieser steht ein fehlerfreundliches Reflektieren im Zentrum. Shaw schreibt, dass es unvermeidbar ist, Fehler zu machen, und das Ziel nicht sei, diese zu vermeiden, sondern den durch die Fehler verursachten Schaden zu reduzieren. “It is NOT enough to say ‘well we tried’. Intersectionality is about accountability.”[119] Deshalb müssen wir uns selbst in die Verantwortung nehmen und unsere Position nutzen, um Kritik zu üben.

In deren Texten beruft sich Shaw auch auf das Design Justice Netzwerk und bemerkt, dass die Design Justice Prinzipien große Überschneidungen mit dem Designverständnis und den Werten des Respectful Design aufweisen, da beide einen großen Fokus darauf legen, die Communitys zu respektieren, zu zentrieren und ihr Wissen ernstzunehmen. Beide schaffen aktiv Raum für Pluralität und erkennen den Wert von gelebten Erfahrungen an.[120]

4.3
Design Justice

Der Begriff ‘Design Justice (DJ)’ wurde durch das Design Justice Network (DJN) geprägt, das 2015 auf der ‘Allied Media Conference’ in Detroit entstanden ist.[121] Auf der Konferenz haben dreißig Designer*innen, Künstler*innen und Community Organizer gemeinsam begonnen, an den Design-Justice-Prinzipien zu arbeiten. Ihr Ziel war es, Richtlinien für eine Designpraxis zu entwickeln, die von den Social-Justice-Prinzipien ausgeht[122] und sich von anderen sozial engagierten, jedoch unscharfen Designbegriffen unterscheiden sollte. Grund dafür waren Beobachtungen, die die Gruppe bei lokalen Projekten in Detroit gemacht hatte. Diese seien oft gut gemeint gewesen, hätten retrospektiv betrachtet jedoch dazu tendiert, die herrschenden Systeme, die die Design-Interventionen erst notwendig gemacht hatten, eher zu stützen und zu manifestieren. So etwas geschieht laut des DJN wegen des fehlenden Social-Justice-Fundaments vieler sozialer Designpraxen. Das Netzwerk untersuchte sozial-engagierte Designprojekte aus Detroit, die in den Medien und der Wirtschaft sehr viel Aufmerksamkeit erhielten, nach drei Fragen: Wer war am Prozess beteiligt? Wer hat profitiert? Wer wurde geschädigt/benachteiligt?

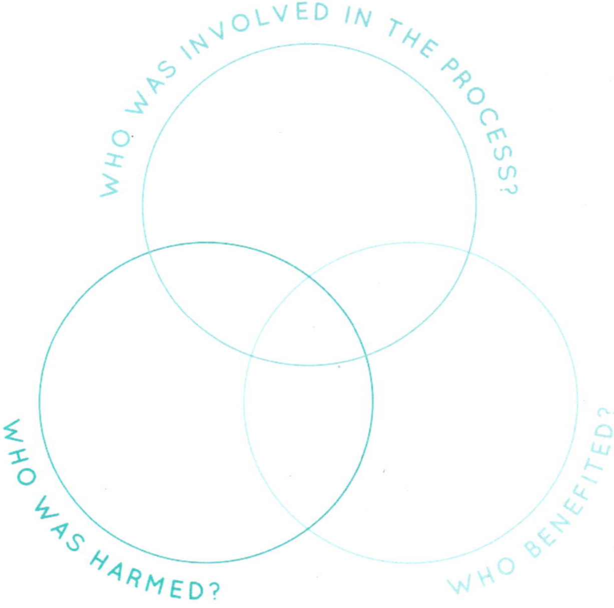

Abbildung 12: Evaluation der Rollen der Akteure in sozial engagierten Designprojekten. Diagramm vom DJN.

Anhand seiner Recherchen stellte das DJN fest, dass viele der Initiativen nach einem Wohltätigkeitsmodell arbeiteten. Sie zentrierten diejenigen, die Gutes tun wollten, und nicht diejenigen, die am stärksten von einem Problem betroffen waren und oftmals bereits angefangen hatten, sich um dieses herum zu organisieren. So bearbeiteten viele der Designinterventionen nicht die Ursachen der Probleme.[123] „Es zählen die Auswirkungen des Designs auf die Community vor den Absichten der designenden Person."[124]

Weil Design einen enormen Einfluss auf das Leben aller Menschen habe, müssen Design-Prozesse klar die Menschen in den Mittelpunkt stellen, die normalerweise durch Design marginalisiert oder verdrängt werden. Design Justice nutzt deshalb kollaborative kreative Praktiken, um die größten Herausforderungen der Communitys anzugehen. Auf ein gerechteres Design hinzuarbeiten ist laut DJ ein fortlaufender Prozess, der von uns allen verlangt, soziale Strukturen zu analysieren und unterdrückende Strukturen herauszufordern.[125]

Nach einem dreijährigen Prozess hat das DJN 2018 schließlich die “Design Justice Principles” veröffentlicht. Es sind zehn kollaborativ erstellte Grundprinzipien für eine auf Social Justice basierende Designpraxis entstanden. Darin betonen sie die Notwendigkeit von prozessorientierten, nachhaltigen und zugänglichen Designprozessen, die die Realität der Community zentrieren, sie unterstützen und empowern und ihr beim Heilen helfen. Sie setzen sich mit der Rolle der Designer*innen auseinander und sehen diese eher als Vermittler*innen (engl.: facilitator), als die der Expert*innen, die vermeintlich die Bedürfnisse der Community kennen und über diese hinweg entscheiden. Vielmehr sollten die Designer*innen sich auf die Erfahrungen und Expertise der einzelnen Mitglieder der Community verlassen und indigene, lokale und traditionelle Praktiken und Wissensformen als Fundament verstehen.[126]

Das Design Justice Network ist heute ein wachsendes internationales Netzwerk und eine Community von Designer*innen und Institutionen, die sich für eine gerechtere Verteilung der Vorteile und Lasten von Design einsetzen, um eine sicherere und nachhaltigere Welt zu schaffen. Das Netzwerk ist offen: Alle können eigenständig die Design-Justice-Prinzipien unterschreiben und sich lokalen Netzwerken (*Local Nodes*) anschließen oder diese gar selbst gründen.[127]

Design Justice nach Sasha Costanza-Chock

> More broadly, without intersectional analysis, we cannot design any objects or systems that adequately address the experiences of people who are multiply burdened within the matrix of domination."[128]

2020 erschien "Design Justice: Community-Led Practices to Build the Worlds We Need"[129] von Sasha Costanza-Chock, nicht-binär*e trans femme Designer*in und Theoretiker*in am MIT und Gründungsmitglied des Design Justice Networks. Das Buch konkretisiert die These des DJN, dass bei vielen wohlmeinenden Projekten von Designer*innen am Ende nicht die Community profitiert: Für Costanza-Chock liegt der Kern dieses Problems direkt in der fehlenden Intersektionalität und im einachsigen[130] Verständnis von Machtdynamiken der meisten Designer*innen, die sozial gestalten wollen. Diese gehen in ihren Projekten von Unterdrückungskategorien als voneinander getrennten Problemen aus und beschäftigen sich nur mit einer Kategorie zu einem Zeitpunkt.

Costanza-Chock zeigt, wie universalistische Designprinzipien und -praktiken mehrfachdiskriminierte und marginalisierte Menschen unsichtbar machen und zu ihrer Benachteiligung beitragen. Costanza-Chock bezieht sich auf Crenshaw, wenn sier schreibt, dass diese nicht intersektional gedachten Designprojekte mit ihren Design Demands deshalb niemals mehrfach diskriminierte Menschen ansprechen oder gar repräsentieren können. Die Theorien Schwarzer Feminist*innen würden das richtige Fundament für intersektionale Designprozesse bilden, so Costanza-Chock, da sie den Wert von situiertem Wissen gegenüber universalistischem Wissen betonen. Dabei müsse klar sein, dass situiertes Wissen auch immer ein partielles Wissen ist.[131] Costanza-Chock findet folgende provisorische, persönliche Definition für Design Justice:

> "Design justice is a framework for analysis of how design distributes benefits and burdens between various groups of people. Design justice focuses explicitly on the ways that design reproduces and/or challenges the matrix of domination (white supremacy, heteropatriarchy, capitalism, ableism, settler colonialism, and other forms of structural inequality)."[132]

Der*die Autor*in ist sich dabei des Dilemmas bewusst, als einzelne Person den Designbegriff einer diversen Bewegung zu definieren, und dass es ein riskanter Schritt ist, sich auf eine einzelne Denkströmung (Schwarzer Feminismus) zu stützen, um Design ganzheitlich in Frage zu stellen und neu zu denken. Costanza-Chock verteidigt diesen Schritt jedoch: Die Konzepte der Intersektionalität und der Matrix of Domination seien, obwohl sie in ihrer Entstehungsgeschichte sehr stark situiert sind, übertragbar auf andere Orte und Zeiten, zumal das Interesse an und der Einfluss von Theorien des Schwarzen Feminismus heute wieder wachsen.[133]

> "White supremacist heteropatriarchal capitalism and settler colonialism – the matrix of domination – is an ongoing global process, although it operates differently in different places and at different scales. True, the specific implications for design theory and practice must be specified and localized. However, there is no reason why design justice as a framework should only be useful in the US context."[134]

Costanza-Chock leitet im Anschluss an Collins her, wie Design auf allen drei Levels – im persönlichen Raum, auf der Community-Ebene und auf dem institutionellen Level – Komplize von Diskriminierungsprozessen sein kann. Sier hat zur Veranschaulichung jeweils Beispiele aus dem Design digitaler Infrastrukturen gewählt. Auf dem persönlichen Level beschreibt sier das Beispiel, dass Personen beim Erstellen von Accounts in Social Media und digitalen Anwendungen in Dropdown-Menüs immer wieder ihr Gender angeben müssen, und diese sehr oft noch immer nur zwei Versionen anbieten.[135] Bei dieser Form von Diskriminierung handelt es sich um Mikro-Diskriminierungen für nicht-binäre Menschen.

Auf der Community-Ebene spricht Costanza-Chock davon, wie bestimmte, privilegierte Gruppen in sozialen Netzwerken aktiv geschützt werden, während andere

Gruppen mit weniger Privilegien aktiv von Algorithmen zensiert werden oder digitalem Hass ausgesetzt sind. Costanza-Chock bezieht sich darauf, wie geleakt wurde, dass in den internen Facebook Guidelines *weiße* Männer zu den geschützten Kategorien gehören, während Schwarze Kinder nicht Teil dieser seien.

Auf der institutionellen Ebene bringt Costanza-Chock ein Beispiel von 2018 an: Damals veröffentlichte das Department of Homeland Security in den USA eine Ausschreibung zur Entwicklung einer Software, die entscheiden sollte, welchen Asylbewerber*innen Asyl gewährt wird. Dazu sollte sie auf die öffentlichen Social-Media Profile dieser zugreifen und diese automatisiert in zwei Gruppen einteilen: *good immigrant/bad immigrant*. Nur aufgrund von großem Protest hat das Department einen Rückzieher gemacht und die Ausschreibung gestoppt.[136]

Nahezu jedes standardisierte Designobjekt basiert auf ergonomischen Maßen, die von westlichen cis-männlichen Körpern ausgehen und diese so privilegieren — während andere Körper diskriminiert werden. Diese Normen bestimmen die Dimensionen unzähliger Alltagsobjekte, wie Autositze, Fingermulden in Werkzeuggriffen, bis hin zur Größe der Bünde einer Gitarre. Sie wirken noch heute in fast allen Bereichen wie im Gesundheitswesen, im Wohnungsbau und in der Mode.[137]

An dieser Stelle soll hinzugefügt werden, dass nicht alle dieser Normierungen direkt Diskriminierung mit sich bringen. Ich möchte auch noch einmal klarstellen, dass Diskriminierung nur in eine Richtung funktioniert.[138] Beispielsweise ist die zuvor beschriebene Kleidung des Labels *Auf Augenhöhe* nicht diskriminierend gegenüber Menschen, die nicht von Kleinwüchsigkeit betroffen sind. Diese werden in der Regel nicht wegen ihrer Größe diskriminiert. Wenn jedoch eine mehrgewichtige Person im Flugzeug dazu aufgefordert wird, einen Zweitplatz oder ein Erste-Klasse-Ticket zu buchen und so mehr für ihre Flugreise bezahlen muss, handelt es sich um Diskriminierung.

Die Kernproblematik ist hier, dass viele Objekte für manche Menschen intuitiv benutzbar sind, während andere, deren Körper nicht in die dem Design zugrunde liegenden Normen passen, mit mindestens einem erheblichen Mehraufwand konfrontiert sind. Sie müssen entweder erst lernen, diese für sich zu adaptieren oder auf teurere Alternativen ausweichen. Wenn das nicht möglich ist, werden sie sogar ganz von bestimmten Tätigkeiten und dem öffentlichen Leben ausgeschlossen. Ein Beispiel für eine Adaption ist, wie die Schwarze Entwicklerin Joy Buolamwini für ihre AI-Tests immer eine *weiße* Maske aufsetzen musste, um von der Gesichtserkennungssoftware erkannt zu werden, da diese auf *weiße* Haut programmiert ist.[139]

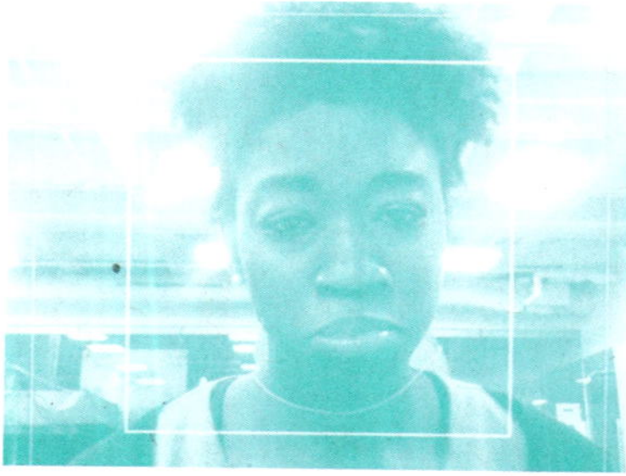

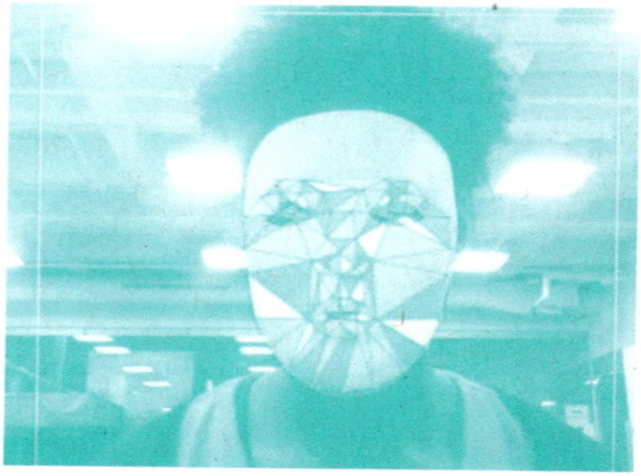

Abbildung 13 und 14: Buolamwini wird nur mit *weißer* Maske von der Artificial Intelligence erkannt

Costanza-Chocks These ist, dass diese Normen immer wieder durch universalistische Testverfahren und Prototypentests manifestiert werden. Als Beispiel bringt Costanza-Chock hier A/B-Testings an, welche häufig im UX- und Interfacedesign verwendet werden. Hierbei werden einer großen Anzahl an Testpersonen zwei Versionen einer Website gezeigt und diese müssen abstimmen, welche Version sie bevorzugen und für einfacher halten.[140] In diesem Vorgehen zeigt sich das Kernproblem: Es wird davon ausgegangen, dass die Wahl, die die Mehrheit der Nutzer*innen trifft, die beste Lösung für *alle* Nutzer*innen sei.[141] Hier handelt es sich jedoch um einen Irrtum, wie Costanza-Chocks Beispiel zeigt: Dort geht es darum, dass eine Web-Designerin für das Bewerbungsverfahren an einer Universität die Kategorie *race*, bzw. Ethnizität der Bewerber*innen erfragen soll. Die Webdesignerin überlegt nun, wie dieser Auswahlprozess möglichst einfach implementiert werden kann und entwickelt zwei Entwürfe: Einen, in dem *weiß* als standardisiert eingestellt ist, und von BIPoC mit einem Extra-Klick verändert werden muss. Im zweiten Entwurf ist hier nichts vorgewählt und alle Nutzer*innen müssen ihre Ethnizität selbst wählen. In A/B-Tests wird herauskommen, dass die erste Version für die Mehrzahl der Nutzer*innen einfacher und schneller ist. Es ist jedoch nicht die diskriminierungsfreie Lösung, da diese Version BIPoC zu einem Extra-Schritt zwingt, den die Mehrheit der Nutzer*innen nicht tun muss. Durch diesen Extra-Aufwand entsteht eine Mikroaggression. Im Fall ohne Voreinstellung existiert diese Mikroaggression nicht, hier werden alle Nutzer*innen gleich behandelt. Aus der Design-Justice-

Perspektive könnten A/B-Testings für eine tatsächlich erhöhte Nutzer*innenfreundlichkeit zum Beispiel angepasst werden, indem spezifische Gruppen die Seite einzeln testen (z.B. Schwarze Frauen, *weiße* Frauen, etc.). So würde eine Auswertbarkeit entstehen, für wen sich der Prozess verbessert. *Better for whom?*[142] ist in diesem Fall die wichtigste Frage. Falls sich herausstellt, dass alle Gruppen die gleichen Prozesse für einfacher halten, ist davon auszugehen, dass keine Diskriminierung vorliegt. Falls jedoch einzelne Gruppen eine unterschiedliche Wahl treffen, müssen die Designer*innen Partei ergreifen und entscheiden, nach wessen Bedürfnissen hier gestaltet werden soll. Costanza-Chock räumt ein, dass es vermutlich nicht möglich ist, die kognitive Belastung aller Nutzer*innen gleichzeitig zu reduzieren, sondern dass es darum geht, die Entscheidungen, wer privilegiert wird, transparent zu machen. Denn, so sagt Costanza-Chock realistischerweise:

> "(...) designers constantly make choices about which users to privilege and which will have to do more work. UI decisions distribute higher and lower cognitive loads among different kinds of people. The point is not that it's wrong to privilege some users over others; the point is that these decisions need to be made explicit."[143]

Auch im Interview mit Hân Lê wurde besprochen, wie sich dieses Parteiischsein im Gestaltungsalltag auswirkt. Außerdem stellte ich ihr die Frage, ob es eine intersektionale Ästhetik und universelles Design geben kann.

Interview Hân Lê

25.01.21, via Zoom
105 min.
Teil 2 von 2

AU
Hast du dich selbst schon einmal durch Design, ein designtes Produkt, oder einen designten Prozess ausgeschlossen gefühlt?

HL
(...) Tatsächlich muss ich sagen, dass mich Gender-Diskriminierung gar nicht so hart stresst, oder dass ich mich dadurch ausgeschlossen fühle, weil mir das oft einfach egal ist. Natürlich erkenne ich das Problem dahinter, da habe ich aber viel Hoffnung, dass sich da bald etwas ändert. Was mich allerdings tierisch nervt, sind dumme, exotisierende Verpackungsgestaltungen mit irgendwelchen ‚afrikanischen' oder ‚asiatischen' Motiven. Da weiß ich auch gar nicht, wer angesprochen werden soll! Das sind natürlich nicht Leute wie ich, die „Maggie Asiatische Pfanne" kaufen sollen. sondern vielleicht Leute, denen die Angst genommen werden soll, asiatisch mal auszuprobieren, oder so. Und das finde ich an sich ok. Man kann ja sagen: Chinapfanne von Knorr ist ok. Aber warum muss das verallgemeinernd "Asian Cuisine" heißen und warum ist da diese stereotypische Schrift mit auf der Verpackung? Das macht mir immer wieder sehr bewusst, wie stark einfach noch Othering betrieben wird, dieses Bild von dem Anderen, dem Fremden aufgemacht wird.

Wir auf der einen Seite können jetzt dieses *Andere* ausprobieren, indem wir Produkte kaufen. Da vereint sich wirklich alles Schlimme auf der Welt. Und das regt mich echt doll auf, weil das so alltäglich passiert.

Diese Wut nehme ich mit in einen Gestaltungsprozess, z.B. bei einer Darstellung von Menschen, die nicht *weiß* sind. Da ist sehr aktiv die Notiz bei mir im Kopf, eben nicht stereotypisch zu denken und keine Rassismen zu reproduzieren. Und auch, keine rassistischen Assoziationsbrücken zu schaffen, wobei das natürlich schwierig ist.

Also: Es ist eben eine Sache, auf eine Schokoladenpackung „Afrika“ draufzuschreiben, und dann durch ein Wort ganz viele Assoziationen zu wecken, vor allem in Verbindung mit Schokolade. Aber es ist eine andere Sache, eine konkrete Person darzustellen. Aber da ist dann so die Schwierigkeit – und ich habe mir schon ein paar Mal die Frage gestellt, insbesondere auch mit dem Hauptbahnhof-Projekt – wie kann ich Menschen so diskriminierungsfrei wie möglich darstellen, ohne rassistische Gedanken bei dem*der Betrachter*in hervorzurufen? Denn ich weiß ja nicht, wie die Person tickt, ob die Person sensibel ist, ob sie nicht doch Rassismen reproduziert. So versuche ich bei figürlichen Darstellungen alle möglichen Details mit einzuschließen, um eben nicht nur so ein Normalo-Bild von dem schlanken, mittelgroßen, deutschen *weißen* Mann darzustellen.

Ich versuche dann immer, mich als Mindeststandard zu nehmen: Ich versetze mich dann in die Betrachtenden hinein und denke so etwas wie: ‚Wenn ich das sehen würde, würde mir etwas auffallen, was daran problematisch sein könnte?' Gedanklich stelle ich mir aber eine Person vor – ohne jetzt eine Unterdrückungs-Olympiade im Kopf zu starten – die vielleicht die meisten Benachteiligungen in sich vereint, wegen der sie unterdrückt, bzw. diskriminiert wird. Dass ich das aus dem Blickwinkel auch nochmal durchgehe. Das geht natürlich nicht in jedem Fall, und als Freiberuflerin steht mir der Klient gegenüber, und wenn der das nicht möchte, dann ist es natürlich schwierig.

AU
Würdest du sagen, dass es eine intersektionale Ästhetik gibt?

HL
Total schwierige Frage. Ich glaube, ich würde als allererstes sagen, dass gestaltete Objekte für alle lesbar und nutzbar sein müssen, das heißt nicht ausschließend. Dann stellt sich die Frage: Sind sie von vornherein universell, weil sie alle benutzen, oder sind sie jetzt universell, weil alle gelernt haben, sie zu nutzen? Wer muss erst lernen, und für wen ist das Objekt ohne zu lernen handhabbar bzw. lesbar? (...) Es ist mir auch wichtig, mit wem ich zusammenarbeite, wer zum Schluss die Fotos macht, oder wen ich mir heranhole als Person, die nochmal auf einen Entwurf schaut. Ich versuche in meiner Arbeit, so viele Perspektiven wie möglich einzuholen. Vielleicht ist das in der Gesamtheit dann eine neue Ästhetik.

Indem Design Justice auf Vorfälle wie das Seifenspender-Beispiel aufmerksam macht, kann es dabei helfen, dass diese nicht mehr als Einzelfälle oder unabsichtliche Unfälle angesehen werden. Bisher hatten diese zwar in regelmäßigen Abständen digital kleine Skandale ausgelöst, sind dann jedoch oftmals schnell wieder aus der Wahrnehmung verschwunden.[144]

Um Design Justice zu praktizieren, braucht es nach Costanza-Chock divers zusammengesetzte Teams mit möglichst unterschiedlichen Erfahrungen. Außerdem brauchen Design-Justice-Projekte oft mehr Zeit, als es ein im Kapitalismus verankertes Design-Briefing erlaubt. DJ wird nach Costanza-Chock perspektivisch jedoch einfacher und etwas schneller werden, sobald die Bewegung sich etabliert habe und mehr Abläufe und alternative Tools entstanden sein werden. Costanza-Chock betont auch, dass Prozesse, die nachhaltig sein sollen, einfach ihre Zeit brauchen.

In einem Prozess, den Costanza-Chock *Retooling* nennt, und welcher als praxisbasierte Alternative zu dem Aufruf nach neuen Epistemologien von Decolonising Design interpretierbar ist, sollen alte Designansätze und -techniken adaptiert und gerechter gemacht werden (wie im A/B-Testing beschrieben), sowie neue Werkzeuge entstehen, die dabei helfen, Design intersektional informiert zu praktizieren.[145]

1 Vgl.: Danah Abdulla, *Sleep Faster, We Need the Pillows*, in: Jan Boelen, Nadine Botha, Vera Sacchetti (Hg.), 4th Istanbul Design Biennial, Design as Learning. A School of Schools Reader, 2018, 172-179.

2 Aikio sagte dies in ihrer Eröffnungsrede für die Ausstellung *Speaking back – Decolonizing Nordic Narratives*, am 2.6.2023 im Kunsthaus Hamburg. Áile Aikios samischer Name lautet: Luobbal-Sámmol-Aimo Áile.

3 Vgl.: https://kunsthaushamburg.de/speaking-back-opening/ [zuletzt 02.06.2023].

4 Walter D. Minolo, et al.: *Epistemischer Ungehorsam: Rhetorik der Moderne, Logik der Kolonialität und Grammatik der Dekolonialität*, 2012, 23.

5 *Futuress* wird aktuell von Maya Ober, Nina Paim und Mio Kojima geleitet. https://futuress.org [zuletzt 02.02.2021]

6 *BIPoC Design History* wird vom Designstudio Polymode geleitet. https://bipocdesignhistory.com/ [zuletzt 02.05.2023].

7 *Teaching Design* wird von Lisa Baumgarten organisiert. https://teaching-design.net/ [zuletzt 02.05.2023].

8 Vgl.: Anoushka Khandwala, *"Decolonizing Means Many Things to Many People" Four Practitioners Discuss Decolonizing Design*, AIGA Eye on Design, 2020, https://eyeondesign.aiga.org/decolonizing-means-many-things-to-many-people-four-practitioners-discuss-decolonizing-design/, [zuletzt 02.04.2021].

9 Ramon Tejada, *The decolonizing, or puncturing, or de-Westernizing Design Reader v4*, 2021, https://tinyurl.com/y43sukuu, [zuletzt 01.02.2021].

10 www.decolonisingdesign.com, [zuletzt 13.02.2021].

11 Vgl.: Luiza Prado de O. Martins, *Poetics of Anticolonial Joy*, Seminar Winter Semester 2020/2021, MA Kunst Im Context, Universität der Künste Berlin, www.luiza-prado.com/anticolonialjoy, [zuletzt 13.03.2021].

12 http://www.decolonisingdesign.com/disclaimer/, [zuletzt 13.02.2021].

13 Vgl. www.decolonisingdesign.com/statements/2016/editorial, [zuletzt 13.02.2021].

14 Ebd.

15 Danah Abdulla, *Sleep Faster, We Need the Pillows*, 2018, 173.

16 Tristan Schultz u.a., *What Is at Stake with Decolonizing Design? A Roundtable*, 2018, 93.

17 Ebd. 89.

18 Ebd. 97.

19 Ebd. 98.

20 Ebd.

21 Ece Canlı und Luiza Prado de O. Martins, *Design and Intersectionality*, 2017.

22 Ebd., 3.

23 Ebd.

24 Ebd., eigene Übersetzung.

25 Ebd., eigene Übersetzung.

26 Ebd.

27 Ece Canlı und Luiza Prado de O. Martins: *Design and Intersectionality*, 2017, 4.

28 Tristan Schultz u.a., *What Is at Stake with Decolonizing Design? A Roundtable*, 2018, 85.

29 Ebd., 89-90.

30 Elisabeth 'Dori' Tunstall, *Decolonizing Design, A Cultural Justice Guidebook*, 2023.

31 https://www.decolonisingdesign.com/statements/2016/editorial, [zuletzt 13.02.2021].

32 Ebd., 90.

33 https://www.decolonisingdesign.com/statements/2016/editorial, [zuletzt 13.02.2021].

34 Vgl.: Kimberlé Crenshaw, *Demarginalizing the Intersection of Race and Sex*, 1989; sowie: Audre Lorde, *The Master's Tools Will Never Dismantle the Master's House*, 1984.

35 Tristan Schultz u.a., *What Is at Stake with Decolonizing Design? A Roundtable*, 2018, 95.

36 Joanna Boehnert und Dimeji Onafuwa, *Design as Symbolic Violence: Reproducing the 'isms' + A Framework for Allies*, 2016.

37 Dimeji Onafuwa und Jabe Bloom, *Designers As Allies*, www.servicedesignpittsburgh.com/allyship [zuletzt 09.04.2021].

38 Ebd.

39 Joanna Boehnert und Dimeji Onafuwa, *Design as Symbolic Violence*, 2016, 10-11.

40 Ebd., 13-14.

41 Ebd.

42 Zu finden unter: https://www.servicedesignpittsburgh.com/allyship [zuletzt 09.04.2021].

43 Vgl.: Dimeji Onafuwa und Jabe Bloom, *Designers As Allies*, Service Design Pittsburgh, 24.10.2020, https://www.youtube.com/watch?v=93bcg1nOVx0, [zuletzt 03.02.2021].

44 Solange Knowles, *A Seat at the Table*, Album, 2018.

45 Tristan Schultz u.a., *What Is at Stake with Decolonizing Design? A Roundtable*, 2018, 94.

46 Norman W. Sheehan, *Indigenous Knowledge and Respectful Design: An Evidence-Based Approach*, Design Issues, vol. 27, no. 4, 2011, 68-80.

47 Ebd., 69.

48 Ebd.

49 Ebd., 69-70.

50 Dt.: So wie Vögel miteinander verwandt sind und sich durch das „Nisten" fortschreiben, sind Menschen miteinander verwandt und schreiben sich durch „das Designen" fort. (Eigene Übersetzung), Ebd., 71.

51 Für eine passende Übersetzung ins Deutsche von "inter-reliance" habe ich mich mit englischen Muttersprachler*innen ausgetauscht. Sowohl Interdependenz, als auch *inter-reliance* bedeuten gegenseitige Abhängigkeit, wobei *inter-reliance* eine leicht positivere Konnotation hat, die das gegenseitige Vertrauen in der gegenseitigen Abhängigkeit betont. Interdependenz ist ein in Kunst und Design verbreiteter Begriff, der aus der Crip Theory (dt: *Krüppelbewegung;* einst eine degradierende Fremdbezeichnung, wird hierbei von Behindertenaktivist*innen als Selbstbezeichnung wieder angeeignet.) und Care-Theorie stammt. Interdependenz wird von der Kuratorin Taraneh Fazeli folgend beschrieben: *"Disability justice imparts how recognizing dependencies must be the basis of ethical human relations. While some people are more dependent than others due primarily to the manner in which societies and built environments are structured [...], we all are dependent on others during times in our lives."*.
Taraneh Fazeli, *Sick Time, Sleepy Time, Crip Time: Against Capitalism's Temporal Bullying*, https://redbullarts.com/detroit/exhibition/sick-time-sleepy-time-crip-time-against-capitalisms- temporal-bullying/ [zuletzt 18.11.2020]. Nach der Care-Theoretikerin und Autorin Gabriele Winkler knüpft Interdependenz und Care-Theorie direkt an Intersektionalität an.

52 Norman W. Sheehan, *Indigenous Knowledge and Respectful Design: An Evidence-Based Approach*, Design Issues, vol. 27, no. 4, 2011, 57.

53 Ebd., 70.

54 Ebd. 79.

55 Instudio Feature, *Dean Dori Tunstall on Respectful Design*, https://www2.ocadu.ca/feature/dean-dori-tunstall-on-respectful-design, [zuletzt 18.02.2021].

56 Lizette Reitsma, Ann Light, Tariq Zaman und Paul Rodgers, *A Respectful Design Framework. Incorporating indigenous knowledge in the design process*, in: The Design Journal, 1555-1570, https://doi.org/10.1080/14606925.2019.1594991, [zuletzt 18.01.2021], 1556.

57 Ebd., 57.

58 Robert J. Kett, *Respecting our Relations: Dori Tunstall on Decolonizing Design,* Interview, Jacobs Institute, 2019, https://jacobsdesigncal.medium.com/respecting-our-relations-dori- tunstall-on-decolonizing-design-d894df4c2ed2, [zuletzt 21.02.2021].

59 Instudio Feature, *Dean Dori Tunstall on Respectful Design*, https://www2.ocadu.ca/feature/dean-dori-tunstall-on-respectful-design, [zuletzt 18.02.2021].

60 Lily Saporta Tagiuri, *Dori Tunstall: Decolonizing Design, Interview,* 2019, https://a-d-o.com/journal/dori-tunstall-decolonizing-design-interview, [zuletzt 15.08.2019].

61 Ebd.

62 Robert J. Kett, *Respecting our Relations: Dori Tunstall on Decolonizing Design,* 2019.

63 Instudio Feature, *Dean Dori Tunstall on Respectful Design.*

64 Lily Saporta Tagiuri, *Dori Tunstall: Decolonizing Design,* Interview, 2019.

65 Ebd.

66 Die indigene *Lehre der sieben Generationen, Seven Sacred Teachings,* oder auch *Seven Grandfather Teachings* genannt, ist Teil eines uralten, mündlich überlieferten Wissens. Es beschreibt eine Strategie zum kollektiven Leben und eine Richtschnur für ein gutes, respektvolles Leben mit anderen Menschen, Lebewesen und der Welt. Es gibt in Nordamerika verschiedene, leicht unterschiedliche Versionen, je nach geografischer Lage und Volk.

67 Robert J. Kett, *Interview: Respecting our Relations: Dori Tunstall on Decolonizing Design,* 2019. 270.

68 Ebd.

69 Tunstalls *Land Acknowledgement* ist beispielsweise in diesem Video sichtbar: Dori Tunstall, *Respectful Design – The Canadian Context, Interactiondesign Association,* 2017, https://vimeo.com/204728326, [zuletzt 21.03.2021], min. 0:10-0:41.

70 Siehe: Government of Canada, *Truth and Reconciliation Commission of Canada,* https://www.rcaanc-cirnac.gc.ca/eng/1450124405592/1529106060525, [zuletzt 21.02.2021].

71 Ebd.

72 Robert J. Kett: *Interview: Respecting our Relations: Dori Tunstall on Decolonizing Design*, 2019.

73 Instudio Feature, *Dean Dori Tunstall on Respectful Design.*

74 Elisabeth 'Dori' Tunstall, *Decolonizing Design, A Cultural Justice Guidebook,* 2023.

75 Z.B. *Decolonizing Design Lecture Series ft. Elizabeth Tunstall,* University of Minnesota College of Design, 15.11.2017, https://www.youtube.com/watch?v=iEUyGrgqaAM [zuletzt 21.02.2021], sowie: *Dr. Dori Tunstall on Respectful Design: Models for Diversity, Inclusion, & Decolonization,* Mozilla, Liveübertragung vom 18.08.2020, https://www.youtube.com/watch?v=oaesVb7O38s [zuletzt 21.02.2021].

76 Instudio Feature, *Dean Dori Tunstall on Respectful Design.*

77 Elisabeth 'Dori' Tunstall, *Decolonizing Design Means Making Amends through More than Diversity, Equity, and Inclusion,* in: Decolonizing Design, A Cultural Justice Guidebook, 2023.

78 Ebd., 77.

79 Dr. Elizabeth Tunstall, *Respectful Design: 6 Steps for Diversity, Equity, & Decolonizing Design,* Yale School of Art, [zuletzt 16.02.2021], https://www.youtube.com/watch?v=7duwNkAvAu0, min. 26:47–30:31.

80 Ebd., min. 28:32.
81 Lily Saporta Tagiuri, *Dori Tunstall: Decolonizing Design,* Interview, 2019.

82 Maya Shapiro, *Inclusive Design: An Interview with Dr. Dori Tunstall*, Misc Magazine, 9. April 2018, https://miscmagazine.com/inclusive-design-interview-dr-dori-tunstall/ [zuletzt 13.08.2020].

83 Lily Saporta Tagiuri, *Dori Tunstall: Decolonizing Design*, Interview, 2019.

84 Ebd.

85 Colette Gaiter, *Strikethrough: Typography Messages of Protest for Civil Rights*, Online Workshop, BIPoC Design History, 2021, https://bipocdesignhistory.com/ [zuletzt 21.03.2021].

86 Ebd.

87 Vgl.: Elisabeth 'Dori' Tunstall: *Decolonizing Design*, 2023, 60.

88 Elisabeth Tunstall, *Cultural Respect, Not Social Responsibility*, 2016.

89 Colette Gaiter, *Strikethrough*, 2021.

90 Vgl.: https://www.vocaltype.co/history-of/martin, [zuletzt 21.03.2021].

91 Ebd.

92 VGL.: https://biliktufoundry.com/BM-Arbeiter-Neue [zuletzt 21.10.2023].

93 Lily Saporta Tagiuri, *Dori Tunstall: Decolonizing Design*, Interview, 2019.

94 Ebd.

95 Eine Manifestation dieser Normen ist z.B. „der Neufert", das Grundlagenbuch zur Bauentwurfslehre mit ihren Grundlagen, Normen und Vorschriften von Ernst Neufert.

96 Maya Shapiro, *Inclusive Design*, 2018.

97 Auf Augenhöhe, *Mission und Engagement*, https://www.aufaugenhoehe.design/pages/mission, [zuletzt 13.03.2021].

98 Kimberlé Crenshaw, *Demarginalizing the Intersection of Race and Sex*, 1989, 167.

99 Jacqueline Shaw, *Towards an Intersectional Praxis in Design*, 2019, 22.
100 Ebd., 28.

101 Horst W. J. Rittel und Melvin M. Webbers, *Dilemmas in a General Theory of Planning*, 1973.

102 Jacqueline Shaw, *Towards an Intersectional Praxis in Design*, 2019, 28.

103 Ebd, 20.

104 Vgl.: Jacquie Shaw, *Designing with Intentional Intersectionality*, Vortrag, Design & Content Conference 5, Vancouver, 2019, http://www.jacquieshaw.com/designing-with-intentional-intersectionality, [zuletzt 13.04.2021].

105 Jacqueline Shaw, *Towards an Intersectional Praxis in Design*, 2019, 19.

106 Ebd., 10.

107 Ebd., 31.

108 Ebd., 32.

109 Ebd., 19-30.

110 Ebd., 32.

111 Ebd., 30.

112 Ebd., 20-31.

113 Es war nicht herauszufinden, auf welche Person dieses zurückzuführen ist, es kursieren sehr verschiedene Versionen des Modells.

114 Ebd., 34.

115 Ebd.

116 Ebd.

117 Ebd.

118 Ebd.

119 Ebd.

120 Ebd., 12–13.

121 Design Justice Network, *About Us,* https://designjustice.org/about-us, [zuletzt 13.02.2021].

122 Design Justice Network, *Generating Shared Principles,* 02.05.2016, https://designjustice.org/news-1/2016/05/02/2016-generating-shared-principles, [zuletzt 13.02.2021].

123 Design Justice Network, *How to make a local Design Justice node,* Zine Issue #5; 2020, https://designjustice.org/zines, [zuletzt 02.04.2021], 6.

124 Vgl.: https://designjustice.org/german [zuletzt 13.03.2021]

125 Ebd., 7.

126 Die Richtlinien sind online zu finden: https://designjustice.org/german [zuletzt 13.03.2021]

127 Ebd.

128 Sasha Costanza-Chock, *Introduction: #TravelingWhileTrans,* 2020.

129 Sasha Costanza-Chock, *Design Justice – Community-Led Practices to Build the Worlds We Need,* 2020, https://design-justice.pubpub.org/pub/ap8rgw5e, [zuletzt 10.04.2021].

130 Nach Crenshaws Begrifflichkeit: "single-axis understanding".

131 Vgl.: Patricia Hill Collins, *Black Feminist Thought: Knowledge, Consciousness, and the Politics of Empowerment,* überarbeitete Auflage, 2002, 234.

132 Ebd.

133 Sasha Costanza-Chock, *Introduction: #TravelingWhileTrans,* 2020.

134 Sasha Costanza-Chock, *Directions for Future Work: From #TechWontBuildIt to #DesignJustice,* 2020, in: Sasha Costanza-Chock, Design Justice, https://design-justice.pubpub.org/

135 Sasha Costanza-Chock, *Introduction: #TravelingWhileTrans,* 2020.

136 Ebd.

137 Sasha Costanza-Chock, *Design Values: Hard-Coding Liberation?* in: Design Justice, 2020, https://design-justice.pubpub.org/pub/3h2zq86d, [zuletzt 14.03.2021].

138 Vgl.: https://diskriminierungsschutz-uni-halle.de/diskriminierung/

139 Diese Formen der Diskriminierung werden tiefergehend erklärt im folgenden Vido: Nushin Yazdani und José Rojas, *Wie Maschinen diskriminieren. Facial Recognition & die Matrix of Domination,* 2020, [zuletzt 27.03.2021].

140 Sasha Costanza-Chock, *Design Values: Hard-Coding Liberation?* 2020.

141 Ebd.

142 Ebd.

143 Ebd.

144 Sasha Costanza-Chock, *Directions for Future Work,* 2020.

145 Ebd.

THE END OF DESIGN (AS WE KNEW IT)[1] – EIN AUSBLICK

In einer Zeit, die überall auf der Welt von Konflikten wie zum Beispiel Backlashes gegen die Rechte und Selbstbestimmung von queeren Menschen und Frauen geprägt ist, wird das utopische und community-stiftende Potential von Design wieder besonders relevant. Verursacht durch globale Bewegungen der letzten Jahre wie #MeToo und #BlackLivesMatter ist einem größer werdenden Teil der Designer*innen der Einfluss von Design auf die Gesellschaft bewusst geworden. Es gibt heute ein wachsendes Bewusstsein dafür, dass sich unsere Herangehensweise an Design verändern muss, und dass alternative Techniken und Visionen notwendig sind. Diese Veränderung sollte auf vielen verschiedenen Ebenen stattfinden.

Grundlegend und strukturell muss die Geschichte der Designdisziplin weiter aufgearbeitet werden und der anhaltende Fokus auf modernistisches Design in Frage gestellt werden. Dabei darf die Wissensproduktion der neuen kollektiven kritischen Design-Theorie nicht mehr westliche, *weiße,* männliche Mittelklasse-Designpraktiken zentrieren. Sie sollte stattdessen auf einem transnationalen Austausch aufbauen und marginalisierte Positionen gleichwertig einbeziehen. Viele Beispiele für eine kritische Designgeschichte sind auf der Plattform Futuress zu finden. Vielversprechend für eine machtkritische Designtheorie sind die multidisziplinären Ansätze, in denen Design mit Theorie aus anderen Disziplinen kombiniert wird.

Für die Langfristigkeit des Wandels ist ein Fokus auf den Nachwuchs und somit auf strukturelle Veränderungen in der Designlehre wichtig. Dabei kommt es besonders darauf an, den Kanon, der den Studierenden als *gutes Design* präsentiert wird, zu erweitern. Verschiedene kulturelle Ästhetiken müssen geschätzt und nicht nur minimalistische Designansätze gefördert werden, wie auch Anoushka Khandwala beschreibt. Damit sich marginalisierte Studierende (z.B. BIPoC, Arbeiter*innenkinder, Studierende mit Behinderung, queere Studierende, etc.) am exklusiven Ort Kunsthochschule nicht fehl am Platz fühlen, müssen sie mit ihren unterschiedlichen Positionalitäten willkommen geheißen werden. Das erhöht die Chancen auf ein erfolgreiches Studium. Dafür ist es notwendig, dass auch die Lehrenden diverser werden und selbst intersektional sensibilisiert sind. Wie wichtig eine diversitätssensible Lehre ist, wurde in den Interviews mit Hân Lê, Anoushka Khandwala und Jacquie Shaw sichtbar. Zu viele Designstudierende lernen im Studium noch ausschließlich anhand von Studienprojekten, statt in über die Hochschule hinausgehen Kollaborationen, die sie auf die Herausforderungen und Konflikte in der Berufspraxis vorbereiten könnten. Wie eine strukturelle Dekolonialisierung einer Designuniversität in die Praxis umzusetzen ist, zeigte Elisabeth 'Dori' Tunstall in ihrer Tätigkeit als Dekanin der OCAD University.

Gleichzeitig ist der kritische Blick auf den Designprozess und das Verankern von intersektionalen Prinzipien in der Praxis essentiell. Denn die strukturellen Ausschlüsse setzen sich in der Designindustrie fort. Dort bestimmen sie, wer nach der Ausbildung erfolgreich wird, und wer von gläsernen Decken behindert wird. Um Design intentional intersektional zu praktizieren, ist es für Designer*innen wichtig, ihre eigene Positionalität zu reflektieren und zu erforschen, wie diese ihre individuellen Gestaltungsgewohnheiten beeinflusst. Insbesondere in partizipativen Designprozessen ist es notwendig, mit den eigenen Interessen, Ressourcen und Verstricktheiten transparent zu sein. Für Designer*innen, die viele Privilegien genießen und keine Erfahrungen mit Mehrfachmarginalisierung haben, kommt es an dieser Stelle darauf an, anderen zuzuhören und sich mit den mitunter unangenehmen Gefühlen zu beschäftigen, die das Realisieren des eigenen Profitierens von Machtstrukturen mit sich bringt. Jedoch gilt es, nicht darin zu verharren, sondern alle Stadien z.B. einer antirassistischen Sensibilisierung zu durchleben[2], um anders aktiv werden zu können und solidarisch zu sein. Design als Verbündete*r zu praktizieren ist ein langfristig angelegter Prozess, der ein dauerhaftes Engagement benötigt.[3] Für diesen Prozess können die Selbstbefragungen und Ressourcen im zugehörigen Zine einen Startpunkt bilden. Im Sinne der asymmetrischen Solidarität müssen sich Designer*innen entscheiden, an wessen Seite sie sich stellen und mit wem sie parteiisch[4] handeln wollen.

Neben dem Reflektieren der eigenen Positionalität und dem Bilden von Netzwerken gilt es weiterhin, den Designprozess kritisch unter die Lupe zu nehmen. Wie es Jacquie Shaw in deren Designmodell begonnen hat, sollten Designer*innen nach neuen Techniken suchen, die bestehenden Designtechniken auf ihr Diskriminierungspotential überprüfen und alternative Designprozesse entwickeln[5]. Wir müssen aus vergangenen Designprojekten lernen—sowohl von den gelungenen, als auch von den gescheiterten—indem wir Verantwortung für sie übernehmen, sie auswerten und uns darüber austauschen. Es ist wichtig, an neuen Methodiken zu arbeiten und diese miteinander zu teilen, bestenfalls auf Open-Source-Grundlage, wie es z.B. Sasha Costanza-Chock und das Design Justice Network tun. Dabei wird in den Designpraxen der vier interviewten Designer*innen sichtbar, dass es nicht nur den einen Weg gibt, Design intersektional zu praktizieren, sondern eine intersektionale Designpraxis viele Formen und Ästhetiken annehmen kann, die vom individuellen Kontext abhängen.

In all diesen Bereichen sollten marginalisierte Stimmen zentriert und Begriffe wie *Dekolonialisierung* und *Intersektionalität* nicht zu Metaphern werden.[6] Diese Gefahr besteht bei all den Themen, von denen dieses Buch handelt. Zwischen dem Zugänglichmachen von komplexem Wissen und einem Schutz dessen vor dem Ausverkauf liegt oft ein schmaler Grat. Ein Rückbesinnen auf die originale Bedeutung und den Entstehungskontext von Begriffen kann hierbei helfen.[7]

Intersektionalität ist eine Hilfestellung, um beim kritischen Betrachten der eigenen Disziplin nicht in das von der 'white supremacy culture' geprägte Entweder-Oder-Denken[8] zu verfallen und Design weder als nur gut, noch als nur schlecht zu verstehen. Durch die Recherche habe ich realisiert, dass Design eine zum Teil zerstörerische, aber vom Standpunkt des Indigenen Wissens aus betrachtet auch zutiefst menschliche und im Kern respektvolle Aktivität ist, die im erweiterten Designbegriff schon lange vor der industriellen Revolution existierte. Besonders das Design Justice Network und Norman W. Sheehans Texte geben mir Hoffnung, sodass es mir heute nicht mehr an Visionen mangelt, wie eine feministische, an Social-Justice-Prinzipien angelehnte Designpraxis aussehen kann. Insbesondere Anoushka Khandwala und Elisabeth 'Dori' Tunstall haben mir (wieder) gezeigt, wie freudvoll eine Designpraxis sein kann, deren Ziel es ist, Community-basierte Solidarität zu schaffen. Es ist mir wichtig, dass dekoloniale, intersektionale, respektvolle Designpraxen auch im deutschsprachigen Raum als ernsthafte Alternativen zum *modernist project of design* anerkannt werden.

Was wir für Designtheorie vom Schwarzen Feminismus lernen können, ist, dass Erfahrungswissen und Theorie mehr verknüpft werden müssen. Für einen echten Wandel muss auch die Theorie, die wir produzieren, wieder näher an die Praxis rücken und unmittelbarer werden. Während Decolonising Design noch stark in abstrakten Diskursen verharrt, teilen die Vertreter*innen des Respectful Design, wie Dori Tunstall und Jacquie Shaw, konkrete dekoloniale Maßnahmen und ein Modell zum intentionalen Implementieren von Intersektionalität in den Designprozess.

Bisher wird nur an wenigen Stellen in der Designtheorie thematisiert, auf welche Art und Weise Design hierbei als widerständiges Werkzeug eingesetzt werden kann. Es wird jedoch schon von einigen Designer*innen selbst praktiziert.

Einige dieser Praxen und Strategien werden ausführlicher im zugehörigen Zine sichtbar, welches den praxisbezogenen Ausblick darstellt. Aus dem Wunsch heraus, das hier generierte Wissen auf einer weiteren Ebene niedrigschwellig und zugänglich zur Verfügung zu stellen, ist das Konzept des zum Buch gehörenden Zines entstanden. Dieses stellt die Codes und Begrifflichkeiten, die sich aus den Interviews ergeben haben, dar. Das Zine verdeutlicht die Bezüge des Diskurses grafisch, mit einer Mischung aus Interviews, Selbstbefragungen und Übungen gibt es Anregungen für eine intersektional informierte Designpraxis.

Zum Ende dieses Buches soll noch einmal die Frage danach gestellt werden, wie sich Design von einer diskriminierenden zu einer diversen Praxis wandeln kann, die sich mit marginalisierten Menschen solidarisiert. Das Zitat "The end of design (as we knew it)"[9] stammt von Arturo Escobar, der damit eine Verschiebung des Designs weg von der Moderne und ihren patriarchalen, eurozentrischen, kolonialen Werten imaginiert. Er beschreibt diese Verschiebung als Neuausrichtung von Design:

> "(...) reframing design as always diverse within itself, precisely because it's always connected with multiple ways of worlding."[10]

Seine Formulierung des *worlding* liegt nahe an Crenshaws Formulierung des "remaking and restructuring the world"[11]. Dabei zitiert er die Jura-Professorin Shefali Milczarek-Desai, die in den USA lebt und indische

Wurzeln hat, wenn sie ein feministisches Zusammenleben auf der Basis des Anerkennens von Unterschieden folgendermaßen beschreibt: "living fearlessly with and within difference"[12]. Dieses Zitat transportiert für mich das große Potential von Intersektionalität: Durch die intersektionale Analyse in der Lage zu sein, Gemeinsamkeiten und Unterschiede zu verstehen, sich nicht durch die Unterscheide verängstigen zu lassen, sondern sie anzuerkennen und mit ihnen zu leben. Um zur Gestaltung einer furchtlosen Welt beizutragen, kann Design viel von Aktivismus lernen, insbesondere, wenn es um eine langfristige Ausrichtung und Geduld geht. Das wäre das Gegenteil von kurzfristigen, lösungsbasierten Ansätzen, die Design so oft verfolgt,[13] mit denen sich aber kein wirklicher Wandel bewirken lässt.

Um sich langfristig für soziale Gerechtigkeit einzusetzen, braucht es eine hoffnungsvolle Haltung. Wie bell hooks sagte: "Protect your hope—hopelessness is the enemy of justice."[14] Hier zitiert sie den afroamerikanischen Anwalt Brian Stevenson. Dieser beschreibt Hoffnung als Bereitschaft, an etwas zu glauben, was man noch nie gesehen oder erlebt hat. Stevenson erzählt, dass er nie einen Schwarzen Anwalt getroffen hatte und trotzdem daran glaubte, dass er selbst einer werden könne.[15] Nach dem mexikanischen Aktivisten Gustavo Esteva ist Hoffnung kein passiver Zustand, sondern etwas, das genährt und geschützt werden muss, damit sie sich in Handlung verwandelt.[16] Dieses Verständnis von Hoffnung kann von politischen Prozessen auf Design und künstlerische Praxis übertragen werden. Nora Sternfeld schreibt, dass kuratorische Arbeit das „Sichtbare, Sagbare und Denkbare" verändern kann und es so möglich wird, „eine andere Welt denkbar zu machen und ein anderes Handeln zumindest zu üben".[17] Dafür braucht es Gestaltung. Die spekulative Kraft von Design hilft dabei, alternative Zukünfte denkbar und vorstellbar zu machen. Nicht nur im Imaginieren, sondern auch im Entwickeln und Bauen einer intersektionalen, solidarischen Zukunft wird Design eine tragende Rolle spielen. Diese kollektive Veränderung kann von unten *(bottom-up)* und lokal beginnen und transnational vernetzt stattfinden. Dafür bedarf es vieler kritischer Designer*innen(kollektive), die miteinander im Austausch sind und einen pluralistischen Wandel gemeinsam voranbringen.

Die Kuratorin für kritische räumliche Praxis Gilly Karjevsky, die israelische Wurzeln hat und in Berlin lebt, schreibt, dass es heute keine dringlichere Herausforderung gibt, als Kollektivität in all ihren Formen zu verhandeln.

> "The idea that we don't know what will replace capitalism is wrong (and dangerous). We do know. We know together."[18]

Nach Elisabeth 'Dori' Tunstall kann Design eines von vielen Tools sein, mit denen die von ihr *Love Warriors*[19] genannten Menschen für eine gerechtere Welt kämpfen. Oder um mit Crenshaws Worten ein "remaking and restructuring the world"[20] anzustreben, mit dem großen Ziel der Freiheit für alle, die nur durch Liebe zu erreichen ist.

1 Das Zitat paraphrasiert die Commons-Theoretiker*innen J.K. Gibson-Graham; Arturo Escobar, *Autonomous Design and the Emergent Transnational Critical Design Studies Field*, in: Strategic Design Research Journal, 11(2), 2018, 143.

2 Tupoka Ogette, *Exit Racism – rassismuskritisch denken lernen*, 2018.

3 bell hooks, *Feminist Theory. From Margin to Centre!*, 2014, 67.

4 Vgl. Jesko Fezer, *Parteiisches Design*, 2019.

5 Ein Beispiel für alternative Designprozesse sind z.B. die *Public Faculties* von Jeanne von Heeswijk, https://www.jeanneworks.net/projects/ [zuletzt 03.04.2023].

6 Vgl. Eve Tuck und K. Wayne Yang, *Decolonization is not a metaphor*, in: Decolonization: Indigeneity, Education&Society, Vol.1, No.1, 2012, 1-4. https://www.academia.edu/2721597/Decolonization_is_not_a_metaphor, [zuletzt 03.04.2021].

7 Ebd.

8 Die amerikanische Theoretikerin, Dichterin und Künstlerin Tema Okun hat 1999 den Text *White Supremacy Culture* veröffentlicht, der beschreibt, wie das Machtsystem der *weißen* Vorherrschaft auf subtile Art und Weise in Organisationen stattfindet und so Hierarchien bestärkt. Diese Momente beschreibt Okun als Kultur der *weißen* Vorherrschaft. Dazu gehören z.B. Perfektionismus und Entweder/Oder-Denken. https://www.whitesupremacyculture.info/uploads/4/3/5/7/43579015/okun_-_white_sup_culture_2020.pdf, [zuletzt 3.3.2021], 1999.

9 Arturo Escobar, *Autonomous Design and the Emergent Transnational Critical Design Studies Field*, 2018, 143.

10 Ebd.

11 Kimberlé Crenshaw, *Demarginalizing the Intersection of Race and Sex*, 1989, 167.

12 Shefali Milczarek-Desai, *Living Fearlessly with and within Difference: My Search for Identity beyond Categories and Contradictions*, in: Gloria Anzaldúa und AnaLouise Keating (Hg.), This Bridge We Call Home: Radical Visions for Social Transformation, 2002, 126–135.

13 Nina Paim und Claudia Mareis, *Design Struggles*, 2021, 21.

14 The New School, *bell hooks – Jill Soloway – Ending Domination: The Personal is Political* https://www.youtube.com/watch?v=Fw6Fd87PhjU, [zuletzt 2.2.2021].

15 Karla Grant, *Bryan Stevenson: Hopelessness is the enemy of justice. Hope is our superpower*, 18.05.2020, Living Black, https://www.sbs.com.au/nitv/living-black/article/bryan-stevenson-hopelessness-is-the-enemy-of-justice-hope-is-our-superpower, [zuletzt 03.04.2023].

16 Gustavo Esteva's speech at *"Planet Earth: Anti-systemic Movements"*, the Third International Seminar of Reflection and Analysis, San Cristóbal de las Casas, 2013, upsidedownworld.org/news-briefs/news-briefsnews-briefs/gustavo-estevarecovering-hope-the-zapatistaexample/, in: Nina Paim und Claudia Mareis: Design Struggles, 2021, 21.

17 Nora Sternfeld, *Kuratieren als antirassistische Praxis*, 2017, 42.

18 Gilly Karjevsky, *Collective Autotheory: Contextualize, Embody, Resist*, in: Lerchenfeld 66, 2023, 4–9.

19 Elisabeth 'Dori' Tunstall, *Decolonizing Design – A Cultural Justice Guidebook*, 5.

20 Kimberlé Crenshaw, *Demarginalizing the Intersection of Race and Sex*, 1989, 167.

Literaturverzeichnis

Abdulla, Danah, *Sleep Faster, We Need the Pillows,* in: Jan Boelen, Nadine Botha und Vera Sacchetti (Hg.), 4th Istanbul Design Biennial, Design as Learning. A School of Schools Reader, Istanbul, 2018, 172-179.

Abdulla, Danah, *Against Performative Positivity,* Futuress, 2021, https://futuress.org/magazine/against-performative-positivity, [zuletzt 21.03.2021].

Ahmed, Sara: *Feministisch leben! Manifest für Spaßverderberinnen,* 2017.

Ainsworth, Claire, *Sex redefined,* in: Nature, International Weekly Journal of Science, vol. 518, 18.02.2015, https://www.nature.com/news/sex-redefined-1.16943, [zuletzt 08.03.2021].

Anzaldúa, Gloria, *Borderlands/La Frontera: The New Mestiza,* 2012.

Auf Augenhöhe, *Mission und Engagement,* https://www.aufaugenhoehe.design/pages/mission [zuletzt 13.03.2021].

Auma, Maisha-Maureen, *Kimberlé Crenshaws Einfluss auf mein gerechtigkeitsstrategisches Denken,* in: Gunda-Werner-Institut, Heinrich-Böll-Stiftung, Center for Intersectional Justice (Hg.), “Reach Everyone on the Planet...” Kimberlé Crenshaw und die Intersektionalität – Texte von und für Kimberlé Crenshaw, 2019.

Atasayar, Destina / Sarah Böttcher / Katharina Brenner / Lucie Jo Knilli / Luisa Herbst (Hg.): *Eine Krise bekommen,* Visuelle Kultur Band 2, Schriftenreihe UDK Berlin, Kathrin Peters (Hg.), 2021.

del Barco, Mandalit, *How Kodak's Shirley Cards Set Photography's Skin-Tone Standard,* NPR, 2014, https://www.npr.org/2014/11/13/363517842/for-decades-kodak-s-shirley-cards-set-photographys-skin-tone-standard?t=1618614699035, [zuletzt 20.03.2021].

Barskanmaz, Cengiz, *Antidiskriminierungsrecht mit Crenshaw – aber ohne Rasse?* in: Gunda-Werner-Institut, Heinrich-Böll-Stiftung, Center for Intersectional Justice (Hg.), “Reach Everyone on the Planet ...” – Kimberlé Crenshaw und die Intersektionalität – Texte von und für Kimberlé Crenshaw, 2019.

Boehnert, Joanna / Dimeji Onafuwa: *Design as Symbolic Violence: Reproducing the 'isms' + A Framework for Allies,* University of Westminster, Intersectional Perspectives on Design, Politics and Power School of Arts and Communication, Malmö University, 2016.

Boelen, Jan / Michael Kaethler (Hg.), *Social matter, social design: For good or for bad, all design is social design,* 2020.

Bourdieu, Pierre, *Distinction: A Social Critique of the Judgement of Taste,* 2010.

Buolamwini, Joy, *Wie ich Vorteile in Algorithmen bekämpfe,* TED Talk, 2016, https://www.ted.com/talks/joy_buolamwini_how_i_m_fighting_bias_in_algorithms?language=de#t-59887, [zuletzt 27.03.2021].

Canlı, Ece / Luiza Prado de O. Martins, *Design and Intersectionality,* Symposium Intersectional Perspectives on Design, Politics and Power, Malmö, 2016, https://www.decolonisingdesign.com/wp-content/uploads/2017/06/Canli-Prado_Design-and-Intersectionality.pdf, [zuletzt 10.02.2021].

Çelik, Mîran Newroz, *Intersektionalität ist ein Konzept, das in meinem Leben nie ein Konzept war,* in: Gunda-Werner-Institut, Heinrich-Böll-Stiftung, Center for Intersectional Justice (Hg.), "Reach Everyone on the Planet ..." – Kimberlé Crenshaw und die Intersektionalität – Texte von und für Kimberlé Crenshaw, 2019.

Chandler, Rasheeta / Dominique Guillaume, Andrea G. Parker, Amber Mack, Jill Hamilton, Jemea Dorsey und Natalie D. Hernandez, *The impact of COVID-19 among Black women: evaluating perspectives and sources of information, Ethnicity & Health,* 26:1, 2021, 80–93, https://doi.org/10.1080/13557858.2020.1841120, [zuletzt 02.03.2021].

Chang, Anne, *Tech & Ethics: Exclusion in Photos and Media,* Berkeley Global Society, 02.03.2021, https://berkeleyglobalsociety.com/en/perspectives/tech-ethics-exclusion-in-photos-and-media/ [zuletzt 13.03.2021].

Collegeboard: *Pilot – AP African American Studies,* 2023, https://apcentral.collegeboard.org/about-ap/how-ap-develops-courses-and-exams/pilot-ap-african-american-studies [zuletzt 02.05.2023].

Collins, Patricia Hill, *Black Feminist Thought: Knowledge, Consciousness, and the Politics of Empowerment,* 221–238, 1990.

Collins, Patricia Hill, *Black Feminist Thought: Knowledge, Consciousness, and the Politics of Empowerment,* überarbeitete Auflage, 2002.

Collins, Patricia Hill, *Intersectionality's Definitional Dilemmas,* in: Annual Review of Sociology, 201, 1–20, https://www.annualreviews.org/doi/10.1146/annurev-soc-073014-112142, [zuletzt 15.01.2021].

Combahee River Collective: *A Black Feminist Statement,* 1977, über: https://careprogram.ucla.edu/education/readings/Combahee1977, [zuletzt 10.05.2023].

Costanza-Chock, Sasha, *Introduction: #TravelingWhileTrans, Design Justice, and Escape from the Matrix of Domination,* in: Design Justice, 2020, https://design-justice.pubpub.org/pub/ap8rgw5e, [zuletzt 10.04.2021].

Costanza-Chock, Sasha, *Design Practices: "Nothing about Us without Us.",* in: Design Justice, 2020, https://design-justice.pubpub.org/pub/cfohnud7, [zuletzt 10.04.2021].

Costanza-Chock, Sasha, *Design Values: Hard-Coding Liberation? in: Design Justice,* 2020, https://design-justice.pubpub.org/pub/3h2zq86d, [zuletzt 14.03.2021].

Costanza-Chock, Sasha, *Directions for Future Work: From #TechWontBuildIt to #DesignJustice,* 2020, in: Sasha Costaza-Chock, Design Justice, erste Auflage, https://design-justice.pubpub.org/pub/ev26fjji/release/1, [zuletzt 14.03.2021].

Crenshaw, Kimberlé, *Demarginalizing the Intersection of Race and Sex: A Black Feminist Critique of Antidiscrimination Doctrine, Feminist Theory and Antiracist Politics,* in: University of Chicago Legal Forum, Vol. 1989, Article 8, 1989.

Crenshaw, Kimberlé, *Warum Intersektionalität nicht warten kann,* in: Gunda-Werner-Institut, Heinrich-Böll-Stiftung, Center for Intersectional Justice (Hg.), "Reach Everyone on the Planet ..." – Kimberlé Crenshaw und die Intersektionalität – Texte von und für Kimberlé Crenshaw, 2019, Artikel erstveröffentlicht 2015.

Crenshaw, Kimberlé, *I Believe I Can Lie,* in: The Baffler, 17.01.2019, https://thebaffler.com/latest/i-believe-i-can-lie-crenshaw, [zuletzt 3.4.2021].

Crenshaw, Kimberlé, *The Urgency of Intersectionality,* 2016, www.ted.com/talks/kimberle_crenshaw_the_urgency_of_intersectionality, [zuletzt 2.2.2021].

Daniels, Cheyanne M., *Kimberlé Crenshaw calls changes to AP African American studies class 'a shame',* The Hill, 15.02.2023, https://thehill.com/homenews/state-watch/3859277-kimberle-crenshaw-calls-changes-to-ap-african-american-studies-class-a-shame/ [zuletzt 02.05.2023].

De Martin, Paola, *Give us a Break! Arbeitermilieu und Designszene im Aufbruch,* 2022.

Derald Wing, Sue / Christina M. Capodilupo / Gina C. Torino / Jennifer M. Bucceri / Aisha Holder / Kevin L. Nadal und Marta Esquilin, *Racial Microaggressions in Everyday Life: Implications for Clinical Practice,* in: American Psychologist 62, no. 4, 2007, 271.

Design Justice Network, *Generating Shared Principles,* 02.05.2016, https://designjustice.org/news-1/2016/05/02/2016-generating-shared-principles, [zuletzt 13.02.2021].

Design Justice Network, *How to make a local Design Justice node,* Zine Issue #5; 2020, https://designjustice.org/zines, [zuletzt 02.04.2021].

Design Justice Network: *About Us,* https://designjustice.org/about-us, [zuletzt 13.02.2021].
Dori Tunstall: Respectful Design - The Canadian Context, Interaction Design Association, 2017, https://vimeo.com/204728326, [zuletzt 21.03.2021].

El-Tayeb, Fatima, *Rassistischer Kapitalismus: Hierarchien der Zugehörigkeit,* in: Gunda-Werner-Institut, Heinrich-Böll-Stiftung, Center for Intersectional Justice (Hg.), "Reach Everyone on the Planet ..." – Kimberlé Crenshaw und die Intersektionalität – Texte von und für Kimberlé Crenshaw, 2019.

Emily Taylor Center for Women & Gender Equity (Hg.): *Making Zines, Doing Feminism,* University of Cansas, https://emilytaylorcenter.ku.edu/make-zines-do-feminism, [zuletzt 18.03.2021].

Encarnacao, Jack: *History's lesson – Ted Landsmark looks back at chilling moment in busing crises,* veröffentlicht am 21.3.2016, aktualisiert am 5.2.2019, https://www.bostonherald.com/2016/03/21/historys-lesson-ted-landsmark-looks-back-at-chilling-moment-in-busing-crises/ [zuletzt 15.02.2023].

Erete, Sheen/Aarti Israni/Tawanna Dillahunt, *An Intersectional Approach to Designing in the Margins,* 2018, https://interactions.acm.org/archive/view/may-june-2018/an-intersectional-approach-to-designing-in-the-margins, [zuletzt 13.02.2021].

Escobar, Arturo, *Designs for the Pluriverse – Radical Interdependence, Autonomy and the Making of Worlds,* 2018.

Escobar, Arturo, *Autonomous Design and the Emergent Transnational Critical Design Studies Field,* in: Strategic Design Research Journal, 11(2), 2018.

Escobar, Arturo, *Autonomous Design and the Emergent Transnational Critical Design Studies Field,* in: Design Struggles – Intersecting Histories, Pedagogies, and Perspectives, 2021.

Fazeli, Taraneh, *Sick Time, Sleepy Time, Crip Time: Against Capitalism's Temporal Bullying,* https://redbullarts.com/detroit/exhibition/sick-time-sleepy-time-crip-time-against-capitalisms-temporal-bullying/ [zuletzt 18.11.20].

Fezer, Jesko, *Parteiisches Design,* 2019, http://howto.gestaltungsberatung.org/pdf/parteiisches_design_jesko_fezer.pdf, [zuletzt 10.03.2021].

Fischer, Martin S. u.a., *Jenaer Erklärung,* 2019, https://www.uni-jena.de/190910_JenaerErklaerung, [zuletzt 08.03.2021].

Foucault, Michel, *Two lectures.* In C. Gordon (Hg.), Michel Foucault power/knowledge: Selected interviews and other writings 1972-1977, 1980.
Friedman, Jonathan / Nadine Farid Johnson, *Banned in the USA: The Growing Movement to Censor Books in Schools,* 19.09.2022, Pen America, https://pen.org/report/banned-usa-growing-movement-to-censor-books-in-schools, [zuletzt 02.05.2023].

Getachew, Denora, *Best Banned Books by Black Authors – From Toni Morrison to Angie Thomas,* 10.02.2023, Teen Vogue, https://www.teenvogue.com/story/best-banned-books-black-authors [zuletzt 02.05.2023].

Gunda-Werner-Institut, Heinrich-Böll-Stiftung, Center for Intersectional Justice (Hg.), *"Reach Everyone on the Planet…" – Kimberlé Crenshaw und die Intersektionalität – Texte von und für Kimberlé Crenshaw,* 2019.

Haraway, Donna, *Situated Knowledges – The Science Question in Feminism and the Privilege of Partial Perspective,* in: Feminist Studies. 14, Nr. 3, 1988, 575–599.

Haraway, Donna, *Situiertes Wissen. Die Wissenschaftsfrage im Feminismus und das Privileg einer partialen Perspektive,* in: Donna Haraway, Die Neuerfindung der Natur – Primaten, Cyborgs und Frauen, 1995.

Haritaworn, Jin, *Imaginierte Community: Kimberlé Crenshaw und „Queer/Trans of Color"-Politiken,* in: Gunda-Werner-Institut, Heinrich-Böll-Stiftung, Center for Intersectional Justice (Hg.), "Reach Everyone on the Planet…" – Kimberlé Crenshaw und die Intersektionalität – Texte von und für Kimberlé Crenshaw, 2019.

Harris, Dutchess, *"All of Who I am in the Same Place": The Combahee River Collective,* https://web.archive.org/web/20080315192601/http://www.uga.edu/~womanist/harris3.1.htm, Archivquelle von März 2008, [zuletzt 15.03.2023].

Heistinger, Andrea, *Qualitative Interviews – Ein Leitfaden zu Vorbereitung und Durchführung inklusive einiger theoretischer Anmerkungen,* 2006/2007, https://www.uibk.ac.at/iezw/mitarbeiterinnen/senior-lecturer/bernd_lederer/downloads/durchfuehrung_von_qualitativen_interviews_uniwien.pdf, [zuletzt 18.09.2020].

Hesse-Biber, Sharlene Nagy, *Feminist Research Practice: A Primer,* 2013.

hooks, bell, *Theory as Liberatory Practice,* in: The Yale Journal of Law and Feminism, Vol. 4: 1, 1991, https://digitalcommons.law.yale.edu/cgi/viewcontent.cgi?article=1044&context=yjlf, [zuletzt 12.03.2020].

hooks, bell/Jill Soloway: *Ending Domination: The Personal is Political,* The New School, 2016, https://www.youtube.com/watch?v=Fw6Fd87PhjU, [zuletzt 05.03.2021].

Hull, Gloria A. u.a. (Hg.), *All the Women Are White, All the Blacks Are Men, But Some of Us Are Brave,* The Feminist Press, 1982.

Karjevsky, Gilly, *Collective Autotheory: Contextualize, Embody, Resist,* in: Lerchenfeld 66, 2023, 4–9.

Keeanga-Yamahtta, Taylor, How *We Get Free: Black Feminism and the Combahee River Collective.* Haymarket Books, 2017.

Kelly, Natasha A., *HÄ? Was heißt denn Intersektionalität?,* in: Missy Magazine, 29.05.2017, https://missy-magazine.de/blog/2017/05/29/hae-was-heisst-denn-intersektionalitaet [zuletzt 11.01.2021].

Kett, Robert J., *Respecting our Relations: Dori Tunstall on Decolonizing Design,* Interview, Jacobs Institute, 2019, https://jacobsdesigncal.medium.com/respecting-our-relations-dori-tunstall-ondecolonizing-design-d894df4c2ed2, [zuletzt 21.02.2021].

Khandwala, Anoushka, *"Decolonizing Means Many Things to Many People" – Four Practitioners Discuss Decolonizing Design,* AIGA Eye on Design, 2020, https://eyeondesign.aiga.org/decolonizing-means-many-things-to-many-people-four-practitioners-discuss-decolonizingdesign, [zuletzt 02.04.2021].

Kohlbrunn, Yvonne/Carla Scheytt, *Qualitative Inhaltsanalyse nach Kuckartz,* Methodenzentrum Universität Ruhr Bochum, https://methodenzentrum.ruhr-uni-bochum.de/e-learning/qualitative-auswertungsmethoden/qualitative-inhaltsanalyse/qualitative-inhaltsanalyse-nach-kuckartz/, [zuletzt 12.02.2020].

Lorde, Audre, *The Master's Tools Will Never Dismantle the Master's House,* in: Sister Outsider: Essays and Speeches. Ed. Berkeley, 2007, 110–14, https://collectiveliberation.org/wp-content/uploads/2013/01/Lorde_The_Masters_Tools.pdf, [zuletzt 27.02.2021].

Lorde, Audre, *The Transformation of Silence into Language and Action*, in: Sister Outsider, 40-44, https://classics.fas.harvard.edu/files/classics/files/bowdoin_latin_silenceintoaction.pdf, [zuletzt 27.02.2023].

Lorde, Audre, *Learning from the 60s*, Rede, 1982, https://www.blackpast.org/african-american-history/1982-audre-lorde-learning-60s/, [zuletzt 10.04.2021].

Lupton, Ellen/Jennifer Tobias/Josh Halstead /Leslie Xia/Kaleena S, *Extra Bold: A Feminist, Inclusive, Anti-racist, Nonbinary Field Guide for Graphic Designers, 2021.*

Manzini, Ezio, *Design, When Everybody Designs*, 2015.

Matos, Alfonso (Hg.), *Who can afford to be critical? An inquiry into what we can't do alone, as designers, and into what we might be able to do together, as people*, Set Margins' #11, 2023.

Mignolo, Walter D., *The Darker Side of Western Modernity: Global Futures, Decolonial Options*, 2011.

Milczarek-Desai, Shefali, *Living Fearlessly with and within Difference: My Search for Identity beyond Categories and Contradictions*, in: Gloria Anzaldúa und AnaLouise Keating (Hg.), This Bridge We Call Home: Radical Visions for Social Transformation, 2002, 126–135.

Nieberding, Mareike: *Unsere Grammatik widerspricht dem Grundgesetz*, Interview mit Luise F. Pusch, 23.12.2020, SZ -Magazin, Print, 26–32.

Onafuwa, Dimeji, *Allies and Decoloniality: A Review of the Intersectional Perspectives on Design, Politics, and Power Symposium*, in: Design and Culture, 10:1, 2018, 7-15, https://doi.org/10.1080/17547075.2018.1430995, [zuletzt 18.01.2021].

Onafuwa, Dimeji/Jabe Bloom, *Designers As Allies*, Service Design Pittsburgh, 24.10.2020, https://www.youtube.com/watch?v=93bcg1nOVx0, [zuletzt 03.02.2021].

Ortlepp, Anke, *Getrennte Klassenzimmer*, 12.11.2021, Bundeszentrale für Politische Bildung, https://www.bpb.de/themen/nordamerika/usa/343377/getrennte-klassenzimmer, [zuletzt 15.02.2023].

Paim, Nina/Claudia Mareis (Hg.), *Design Struggles –Intersecting Histories, Pedagogies, and Perspectives*, 2021.

Paim, Nina/Claudia Mareis, *Design Struggles – An Attempt to Imagine Design Otherwise*, in: Nina Paim und Claudia Mareis (Hg.), Design Struggles – Intersecting Histories, Pedagogies, and Perspectives, 2021.

Peter, Erik, *Prozess gegen Lina E.: Antifa, weil Staatsversagen*, 02.06.2023, https://taz.de/Prozess-gegen-Lina-E/!5935556/ [zuletzt 03.06.2021].

Phillips, Julia, *Can We Get a Witness?*, in: Gunda-Werner-Institut, Heinrich-Böll-Stiftung, Center for Intersectional Justice (Hg.), "Reach Everyone on the Planet ..." – Kimberlé Crenshaw und die Intersektionalität – Texte von und für Kimberlé Crenshaw, 2019.

Prado de O. Martins, Luiza, *Poetics of Anticolonial Joy*, Seminar Winter Semester 2020/2021, MA Kunst Im Context, Universität der Künste Berlin, https://www.luiza-prado.com/anticolonial-joy, [zuletzt 13.03.2021].

Rawsthorn, Alice, *Design as an Attitude*, 2018.

Reitsma, Lizette/Ann Light/Tariq Zaman/Paul Rodgers, *A Respectful Design Framework. Incorporating indigenous knowledge in the design process*, in: The Design Journal, 1555-1570, https://doi.org/10.1080/14606925.2019.1594991, [zuletzt 18.01.2021].

Rittel, Horst W. J./Melvin M. Webbers, *Dilemmas in a General Theory of Planning*, Policy Sciences, Vol. 4, No. 2, 1973, 155-169.

Saporta Tagiuri, Lily, Dori Tunstall: *Decolonizing Design*, Interview, 2019, https://a-d-o.com/journal/dori-tunstall-decolonizing-design-interview, [zuletzt 15.08.2019].

Schultz, Tristan/u.a., *What Is at Stake with Decolonizing Design? A Roundtable*, in: Design and Culture, 10:1, 2018, 81-101, https://doi.org/10.1080/17547075.2018.1434368, [zuletzt 05.03.2020].

Schwarz, Carolina, *„Die Datenlücke tötet Frauen" – Interview mit Caroline Criado-Perez,* taz, 27.5.2020, https://taz.de/Gender-und-Wissenschaft/!5685021&s/, [zuletzt 18.02.2021].
Scotford, Martha, *Messy History vs. Neat History, Toward an Expanded View of Women in Graphic Design,* in: Visible Language, 1994.

Skrobala, Jurek: *Wer ist für Sie ein »Mensch mit Nazihintergrund«?,* Interview mit Sinthujan Varatharajah und Moshtari Hilal, Spiegel online, 20.03.2021, https://www.spiegel.de/kultur/identitaetspolitik-sind-weisse-deutsche-menschen-mit-nazihintergrund-a-5da7ce95-d83c-46c5-874f-8efb0cb26d7c, [zuletzt 6.5.2023].

Shapiro, Maya, *Inclusive Design: An Interview with Dr. Dori Tunstall,* Misc Magazine, 9. April 2018, https://miscmagazine.com/inclusive-design-interview-dr-dori-tunstall/ [zuletzt 13.08.2020].

Shaw, Jacqueline, *Towards an Intersectional Praxis in Design,* 2019, http://openresearch.ocadu.ca/id/eprint/2856/, [zuletzt 10.04.2021].

Shaw, Jacquie, *Designing with Intentional Intersectionality,* Vortrag, Design & Content Conference 5, Vancouver, 2019, http://www.jacquieshaw.com/designing-with-intentional-intersectionality, [zuletzt 13.04.2021].

Sheehan, Norman W., *Indigenous Knowledge and Respectful Design: An Evidence-Based Approach,* Design Issues, vol. 27, no. 4, 2011, 68–80, www.jstor.org/stable/41261957 [zuletzt 19.03.2021].

Solanke, Iyiola, *Wo sind in Europa die Schwarzen Professorinnen?,* in: Gunda-Werner-Institut, Heinrich-Böll-Stiftung, Center for Intersectional Justice (Hg.), "Reach Everyone on the Planet..." – Kimberlé Crenshaw und die Intersektionalität – Texte von und für Kimberlé Crenshaw, 2019.

Søndergaard, Marie-Louise Juul, *Staying with the Trouble trough Design: Critical-Feminist Design of Intimate Technology,* School of Communication and Culture, Aarhus University, 2019, 66.

Spivak, Gayatri C., *Can the Subaltern Speak?* in: Cary Nelson und Lawrence Grossberg (Hg.), Marxism and the Interpretation of Culture, 1988, 271–313.

Sternfeld, Nora, *Verlernen vermitteln,* in: Andrea Sabisch, Torsten Meyer und Eva Sturm (Hg.), Kunstpädagogische Positionen, 2014.

Taylor, Keeanga-Yamahtta, *Introduction,* in: Taylor, K.-Y. (Hg.), How We Get Free: Black Feminism and The Combahee River Collective, 2012.

Tejada, Ramon, *The decolonizing, or puncturing, or de-Westernizing Design Reader* v4, 2021, https://tinyurl.com/y43sukuu, [zuletzt 01.02.2021].

Tuck, Eve/K. Wayne Yang, *Decolonization is not a metaphor,* in: Decolonization: Indigeneity, Education & Society, Vol.1, No.1, 2012, www.academia.edu/2721597/Decolonization_is_not_a_metaphor, [zuletzt 03.04.2021].

Tunstall, Dori, *Review: Borderland Biashara Report,* 2016, https://dori3.typepad.com/my_weblog/2016/06/review-borderland-biashara-report-2016.html, [zuletzt 15.08.2023].

Tunstall, Elisabeth, *Cultural Respect, Not Social Responsibility: The Seven Principles of Design Anthropology,* in: Developing Citizen Designers, 2016, 278–280.

Tunstall, Elisabeth 'Dori': *Decolonizing Design, A Cultural Justice Guidebook,* 2023.

Unterstab, Anna-Sophia, *Radikales Zuhören,* in: Kanon – Die Experimentelle Klasse, ANna Tautfest und Joke Janssen (Hg.), 202[illegible].

van Helvert, Marjanne (Hg.), *The responsible Object: A History of Design Ideology for the Future,* 2016.

Willis, Anne-Marie, *Ontological Designing,* Design Philosophy Papers 4, no. 2, 2005.

Yazdani, Nushin/José Rojas, *Wie Maschinen diskriminieren. Facial Recognition & die Matrix of Domination,* 2020, https://nushinyazdani.com/Wie-Maschinen-diskriminieren, [zuletzt 27.03.2021].

Yenirce, Leyla, *Die Reste aus der Kaffeekanne,* in: Missy Magazine, 19.06.2018, www.missy-magazine.de/blog/2018/06/19/die-reste-aus-der-kaffeekanne/, [zuletzt 13.01.2021].

Sonstige Quellen

Eugene Lang College: *“bell hooks - Are You Still a Slave? Liberating the Black Female Body”*, www.youtube.com/watch?v=rJk0hNROvzs&ab_channel=TheNewSchool [zuletzt 3.3.2023].

Gaiter, Colette, *Strikethrough: Typography Messages of Protest for Civil Rights,* Workshop, BIPoC Design History, 2021, https://bipocdesignhistory.com, [zuletzt 21.04.2021].

Knowles, Solange, *A Seat at the Table,* Album, 2018.

Mozilla, *Dr. Dori Tunstall on Respectful Design: Models for Diversity, Inclusion, & Decolonization,* Liveübertragung vom 18.08.2020, https://www.youtube.com/watch?v=oaesVb7O38s [zuletzt 21.02.2021].

The New School, bell hooks und Jill Soloway: *Ending Domination: The Personal is Political,* 2016, https://www.youtube.com/watch?v=Fw6Fd87PhjU&feature=youtu.be, [zuletzt 05.03.2021].

University of Minnesota College of Design, *Decolonizing Design Lecture Series ft. Elizabeth Tunstall,* 15.11.2017, https://www.youtube.com/watch?v=iEUyGrgqaAM [zuletzt 21.02.2021].

Wagenknecht, Sahra im Gespräch mit Philipp May, *„Diskussionen über Sprachverbote führen an den Problemen vorbei“,* Deutschlandfunk, https://www.deutschlandfunk.de/wagenknecht-linke-zur-debatte-um-identitaetspolitik.694.de.html?dram:article_id=495664, [zuletzt 15.03.2021].

Whites Only, https://www.youtube.com/watch?v=WHynGQ9Vg30 [zuletzt 27.03.2021].

Yale School of Art, Dr. Elizabeth Tunstall: *„Respectful Design: 6 Steps for Diversity, Equity, & Decolonizing Design“,* 16.02.2021, https://www.youtube.com/watch?v=7duwNkAvAu0, [zuletzt 21.02.2021].

Zöllner, Christian, *01 Hurra Hurra x Vivien Tauchmann, Der Designpodcast der Burg,* https://hurrahurra.podigee.io/1-vivien-tauchmann [zuletzt 01.02.2021].

Zöllner, Christian, *05: Hurra Hurra x Imad Gebrayel, Der Designpodcast der Burg,* 2020, https://hurrahurra.podigee.io/5-imad-gebrayel, [zuletzt 11.03.2021].

Abbildungsverzeichnis

Abbildung 1 und 2
Matrix of Domination/Wheel of Power and Privilege-Grafik, von der Autorin erstellt. Angelehnt an eine Version vom Instagram Account 'amplyfy.rj' vom 23. März 2021, https://www.instagram.com/amplify.rj/ [zuletzt 17.03.2021], ausgefüllte Version.

Abbildung 3
Screenshots aus dem Video im Twitterpost von Chukwuemeka Afigbo, 06.08.2017, https://twitter.com/nke_ise/status/39775690 0753891328, [zuletzt 13.03.2021].

Abbildung 4
links: Fotograf: Walt Jabsco, Creative Commons.
Rechtes Foto: Creative Commons.
Beide Bilder aus: https://medium.com/berkeley globalsociety/tech-ethics-exclusion-inphotos-and-media-99fedcb1c180, [zuletzt 13.03.2021].

Abbildung 5 und 6
Costello, 2016, https://design-justice.pubpub.org/pub/ap8rgw5e/release/1, [zuletzt 13.03.2021].

Abbildung 7 und Cover
Creative Commons, https://de.m.wikipedia.org/wiki/Datei:HybridIII.jpg [zuletzt 13.03.2021].

Abbildung 8
Foto von Burk Uzzle, aus: F11 AND BE THERE, picture alliance/Everett Collection/
© First Run Features/Courtesy Everett Collection

Abbildung 9
Ausschnitt aus dem Specimen der Schrift *Martin*, mit freundlicher Genehmigung von Tré Seals https://www.vocaltype.co/history-of/martin [zuletzt 13.02.2023].

Abbildung 10
Fotografiert von und mit freundlicher Genehmigung von David Ulrich, www.aufaugenhoehe.design [zuletzt 13.03.2021]

Abbildung 11
Das Intersectional Practice Modell mit freundlicher Genehmigung von Jaccuie Shaw, über: https://openresearch.ocadu.ca/id/eprint/2856/ [zuletzt 13.02.2023].

Abbildung 12
Grafik des Design Justice Network, https://designjustice.org/news-1/2016/05/02/2016-generating-shared-principles, [zuletzt 13.02.2021].

Abbildungen 13 und 14:
Screenshots aus: *Joy Buolamwini, Wie ich Vorteile in Algorithmen bekämpfe,*
TED Talk, 2016, https://www.ted.com/talks/joy_buolamwini_how_ i_m_fighting_bias_in_algorithms, [zuletzt 27.03.2021].

Ein großes Dankeschön gilt

Hân
Jacquie
Vivien
Anoushka
Phine
Anke
Jesko
Josi
Paula
Elisa
Lotte
Lea
Johanna
Jule
Nora
Kathrin
Matthias
Oliver